JN441226

아담의 기분

아담의 기분

김잠선 시집

신아출판사

| 머리말 |

『아담의 기분』을 아우르는 주제는 '기분(감정)'이다. 세계 - 내 - 존재로서 우리는 언제나 어떤 상태의 기분에 휩싸여 산다. 태어난 순간부터 얽혀든 여러 관계와 사회적 존재로서 위치, 또 그것을 감당해야만 하는 의무가 우리 삶의 조건이기 때문이다. 이것이 실존이다. 어떤 측면에서 보면 학문의 역사는 인간 기분의 탐구 과정이다. 서양을 중심으로 살펴볼 때, 고대가 기분을 활성화했다면 중세는 기분을 억누르는 학파가 성행했다. 근대에 들어서는 기분을 존중하자는 의견이 분분했으며, 현대는 기분이 실존의 토대라는 사실을 인정한다. 뉴미디어의 발달로 현대인은 어떤 세대보다 더 넓은 기분의 영토를 가졌다. 복잡다단한 세계 속에서, 인류는 얼마나 많은 기분을 떠돌고 있는가? 이를 탐색해온 작업이 『아담의 기분』이다.

『아담의 기분』은 3장으로 구성되어있다. 1장 '관조'는 세계를 바라보는 아담의 시선과 그에 따라 사람 사이를 떠다니는 기분을 묘사했다. 아담이 관조를 통해 세계를 이해하고, 자기를 알아가는 과정들을 담아내려 했다. 2장은 '아담의 기분'으로, 그의 감정의 변화를 그렸다. 기분이 생성되는 조건과 그것이 전개되는 과정에 대해 생각했다. 3장은 '이브의 기쁨'이다. 아담의 맞은편에 서 있는 이브의 기분은 아담의 감정과 직결된다. 이브에게는 그 아담이 있으며, 아담에게 그 이브가 있다. 그들은 서로의 세계다.

시집 출간을 도와주신 여러분들, 시를 쓸 수 있도록 격려를 아끼지 않는 친구, 교정 작업에 참여해주신 김안나와 박하니 선생님, 출판 전면의 세세한 부분까지 신경 써주신 신아출판사 관계자님께 감사드린다. 3권에 이어 4권 삽화 작업도 김한혁 군과 함께했다. 『아담의 기분』의 삽화는 아담이 세계 - 내 - 존재자로서 자기를 성찰하는 과정을 연작으로 담았다. 삽화의 모티브는 이상의 「날개」에 등장하는 서술자라고 한다.

김잠선

| 붙이는 글 |

내 시의 기반은 실존적 상태에 대한 현상학적 고찰이다. 마르틴 하이데거는 『존재와 시간』에서 정상성이라는 개념을 들어 존재자의 '기분'을 설명한다. 정상성이란 우리가 기분에 젖은 상태를 의미한다. 그에 따르면 기분은 존재론적으로 매우 중요하다. 살아 있는 자만이 가질 수 있는 것으로, 산다는 것은 언제나 어떤 기분에 처해있다는 것을 의미한다. 따라서 사람은 언제나 기분을 느낄 뿐만 아니라, 그 순간을 통해 자기 자신과 직면하게 된다. 즉 '무슨' 기분이 든 그 순간, 우리는 자신이 어떤 심적 상태에 있는지 깨닫게 된다. 이를 근거로 하이데거는 정상성을 "현존재가 근원적으로 드러나는 존재 개시의 장이다."[1]라고 말한다. 인간에게 '기분'이란 것이 있기 때문에 세계를 향해 자신을 밝힐 수 있다는 것이다.

> 그녀는/ 깜짝 놀랐다고/어쩔 수 없는 일이었다고/말했다/ 누긋누긋한 사랑이/ 자신의 모든 경험을/ 압도하는 걸 /느꼈다고도 했다/ 그에 대한 감정이 /자기 삶 자체를/통째로 장악했다는 걸 /인정할 수밖에 없었다는 것이다/ 사랑하지 않을 수 없다는/마당에/ 그녀에게 /무슨 이유를 들먹일까

– '연심이의 변심은 정당화될 수 있는가' 중에서

1 마르틴 하이데거, 이기상, 『존재와 시간』, 2005. 1. 31 6쇄, 186p.

| 차례 |

제1장
관조 - 침묵

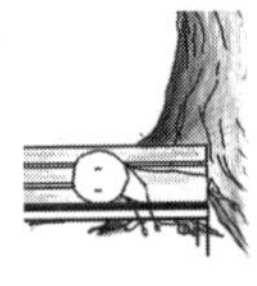

제2장
아담의 기분 - 이해받고 싶지 않은

제3장
이브의 기쁨 - 이해할 수 없는

제1장

관조 - 침묵

나의 죽음에 침묵하라 - 아들에게 1

모든 아버지는 죽는다
어떤 아버지는 헤라클레스[1]처럼 죽고
다른 어떤 아버지는 이순신[2]처럼 죽고
또 다른 아버지는 라이오스[3]처럼 죽는다

대체로 그렇다는 말입니다
나의 아버지여

패악과 원망, 그렇게 생각하기로 했음으로 달리 생각할 수 없는 방식으로
처연히, 하데스를 껴안으며 자기를 내려놓는 방식으로
회한과 그리움에 쌓여, 자기를 죽인자를 응시하는 방식으로
아버지는 죽는다

그러나
내 아버지는

1 헤라클레스 : 아내가 그의 옷에 바른 사랑의 묘약이 피부에 닿자 몸이 녹아내리는 고통을 겪다가 통증을 견디지 못해 장작불에 타죽는다.
2 이순신 : 전쟁이 끝나기 전까지 자기 죽음을 외부에 알리지 말라는 유언을 남기고 죽는다.
3 라이오스 : 그는 아들에게 죽임을 당할 운명을 피하기 위해 갓 태어난 아들을 살해하도록 지시한다. 그러나 그 아들이 장성한 후 돌아온다. 두 사람은 서로를 알아보지 못한 채 삼거리에서 격투가 벌어지고, 결국 라이오스는 아들의 손에 죽는다. 죽음이 목전에 다다랐을 때 그는 자신이 죽이려 했던, 그 아들은 알아본다.

자기 파괴적인 헤라클레스도 못 되고
자기 희생적인 이순신과는 거리가 더 멀고
자기애에 눈먼 라이오스를 따라 하지도 못했다

나는
죽음이 방문을 두드리는 소리를 듣고 있다
나는
너의 아버지였다
모든 아버지는 어떻든 죽지 않더냐

오늘은
아버지 기일이다
절대 잊지 못할 방식으로
자기를 지하로 끌고 간
내 아버지가 오시는 날
오렌지꽃이 바람에 흔들린다
녹슨 영혼이 일으키는 바람에

§ 과거 사회는 의미와 질서가 존재했다. 그것은 수학적, 보편적 방식으로 발견할 수 있는 어떤 진리였다. 아버지가 바로 그 진리의 현현이었다. 그런데 현대는 아버지가 죽었다. 과거의 모든 질서(혹은 예술)는 과학처럼 훈련되고 규율된 결과물이었다. 시(時)마저도 수학처럼 정신의 엄격함, 질서감, 계산적 구성을 중시했다. 그 시대에는 아버지의 아버지가 이미 제시한 원리에 따라 사회가 있고, 제도와 종교와 시가 있었지만, 이제 상황이 달라졌다. 아버지가 죽었기 때문이다.

시적 화자는 아버지가 죽었다고 선언한다. 여기에서 아버지의 죽음은 한 시대의 종언을, 다른 세계의 시작을 의미한다. 이제 새로운 시작에서 모든 질서가 재편될 것이다. 따라서 기존의 가치는 더 이상 아무것도 아님에 대한 선언이다. 그는 모든 아버지가 죽듯이 타인의 아버지인 자기도 죽을 것임을 안다. 이처럼 한 시대의 죽음과 새로운 시작은 무한히 반복될 것이다. 텍스트 시대 이전부터, 고대를 시작으로 중세를 거쳐 근세와 현세에 이르러 마침내 지금에 왔다. 이후에 무엇이 올까?

의미의 소멸 – 아들에게 2

하늘을
되찾았다
아버지가 죽던 날
그의 아들이 되찾을 하늘이다
그도
그 이전에도
그 이전의 이전에도 그랬다
그도
그 이후에도
그 이후의 이후에도 그럴 것이다

§ 전통적 관점에서 아버지는 그의 자녀에게 세계의 대표성을 의미하는 상징적 존재다. 호주(戶主)가, 바로, 세계의 시작을 의미했다. 아버지는 하늘과 같은 존재로서, 세계를 떠받치는 기둥이다. 따라서 그의 자녀는 세계를 살아내기 위해 알아야 하는 모든 방침과 지시를 담은 기호로서 아버지를 바라본다. 이 세계는 아들에게 자유의 한계를 분명하게 선 그었지만, 대신, 탄탄한 안정감을 보장했다.

그런데 시에는 아버지가 사라졌다. 아버지의 소멸과 함께 세계를 묶었던 중심 가치 역시 붕괴했다. 표준이 없는 이 땅은 자기의 선택과 의무 안에서 제편성 됐다. 어른이 부재한 사회에서 아들은 책임과 의무를 떠맡았다. 대신 그는 영원한 아이로서, 자족감에만 젖어 살아도 되는 자유를 확보했다. ㅋㅋㅋ, 나의 아들을 보아하니, 그들은 떠나버린 아버지를 소환할 마음이 전혀 없다.

방랑자

어디에서 날아든
흰 나비 한 마리
두리번두리번 여기로 와
닻을 내렸다

여기,
쌉쌀한 공간에 복종하듯
그는 눈을 감고
저기,
에서 가져온 것들을 지우며
꽃잎에 머리를 기댄 채
주위를 날뛰는
수백 가지 날것의 향기를
맡는다

잠든다
꿈속에서 그는
날것으로 들이닥친 검은 문장들이
기억을 후벼 파도록 내버려 두고
낯선 곳을 두리번거릴 동안
조락(凋落)해 버린 자기 정체에

기쁨으로 달려들었다

잠에서 깨자마자
이미 농후해져 버린 달큰한 여기,
를 떠나
낯섦 충만한 두리번거릴 곳을 찾아내어 거기로,
가
닻을 내릴 것이다

어디에서라도
깊이 잠들지 못하는 나는
세(細) 날개에 실린 나날의 아픔과
씻을 수 없는 고독과
이방인의 외로운 닻을
빌려
하루의 자유를 산다

§ 자유란 무엇일까? 하나의 개념으로 명료화하기 어렵다. 다만, 자유의 실현은 익숙한 것과의 거리 두기에서 시작된다는 사실은 분명하다. 불편함과 불안함을 감내해야만 자유가 온다. 하지만 이것은 죽음과도 같은 공포다. 그런데도, 무엇 때문에 사람들은 자유를 추구할까?

시에서 나비는 '그리스인 조르바'처럼 *여기*에 안주하지 않고, 끝없이 *저기* 새로운 향기를 찾아, 익숙해진 달콤함을 포기한다. 하지만 그의 새로운 곳으로의 날개짓은 자유와 죽음의 맞교환이다. 이는 인류가 지금까지 걸어온 길이다. 무엇 때문에 그렇게 하는 걸까? 자유가 무엇이기에.

이브 - 아담의 운명 1

잔디밭, 거칠고 척박한
자궁에서 피어난
여리디여린 하이얗고 노오란 풀꽃들
저것은
자기가 그렇게도 귀한 것인 줄도
모르고
저렇게도 아무 데서나 피어나
무성한 향기로
내게 똥 누는 법을 잊게 한다
변의를 상실한 내 심신이
이처럼 터무니없이 가벼운 것은
바로, 저 풀꽃들 때문이다

아무 데나 있어도
너는
빛난다

매혹의 역설 - 아담의 운명 2

날아듦, 아주 잠깐의 접촉이
핑크빛 도는 추파를 던지면
이미, 시작됐다
격렬한
자극을 바라는 멈출 수 없는
욕망

나는
이제 거기에 없다
하지 말아야 한다는 죄책감과 그 반동
주위의 시선을 피해
다섯 손가락이
더 격렬하게 움직인다

이드[1]가
에고를 앞질렀다
현실원칙 따위가 다 뭐야!

황홀한 표류는

1 이드, 에고라는 개념은 프로이트의 정신분석학의 용어다. 이드는 본능으로 쾌락원칙만을 추구하는 원초아(무의식)라고도 한다. 에고는 자아로 현실원칙을 고려한 쾌락을 추구한다(자료제공 - 네이버 사전).

빈정거림과 비꼼,
모욕적인 언사들까지 모두 무감각하게 만드는,
정신이 최고로 고양된,
절정의 순간을 맞고 있다는 충족감에 손을 멈춘다

손톱 끝에 맺힌 홍건한 피
표피가 떨어져 나간 피부가
욱신욱신 거린다

나는
다시 거기에 있다
그래도, 난, 절대, 후회 안 해

꽃 알레르기성 가려움은
좌절된 살갗의 욕망을 한꺼번에 불러모아
빗나간 모든 이드를 충족시키는
유토피아다

§이 시의 넷째 연은 아니 에르노의 『여자아이 기억』에서 옮겨와 맥락에 맞게 변형했다. 에르노는 이 문장을 성적 경험을 설명하는 데 사용했다.

이 시에서 4연은 가려움을 해소하고 싶은 욕망이다. 봄이면 꽃 알러지로 피부 곳곳에 핑크빛 꽃이 핀다. 그 부위에서 이는 가려움은 도저히 참을 수 없다. 이쯤 되면, 체면을 통제하던 나는 서서히 사라진다. 그래서 민망한 주위 시선을 피해가며, 피가 맺히도록 빽빽 긁는다. 이를 발견한 가족들의 꾸지람에도, 멈출 수가 없다. 가려움이 통증으로 바뀔 때까지 하던 짓을 계속한다. 이때 느끼는 긁고 싶은 욕망은 가려움이라는 불쾌감이 다른 감각으로 대체될 때 멈출 수 있다. 이것이 시적 화자의 고백이다. 시적 화자에 따르면, 가려움은 참을 수 없는 불쾌감을 주지만, 그 부위를 긁고 있으면, 현실에서 쉽게 얻을 수 없는 극도의 쾌감에 이를 수 있다는 것이다. 그렇다. 가려운 부분에 피가 맺히면, 바람의 이상에 도달한다.

자클린의 눈물[1]

연주가 끝났다
첼로 고정핀이
힘겹게 마룻바닥을 긁어 대며 신음했지만
환호의 박수도, 꽃다발도, 축하의 메시지도 없이
마지막 한 음절조차 외면하는
청중
그들이 펴 올리는 침묵의 강가에
홀로 선 악사가
무대를 떠나기 전
객석을 향해 슬픈 미소를 더해
작별을 바쳤다

악사의 뒤틀린 두 다리 사이로
산사태처럼 밀려드는
낭패감이
파산한 이상을 방패 삼아
그의 어깨를 짓누른 듯
보였다

1 베르너 토마스가 비운의 음악가 자클린의 죽음을 기리며, 오펜바흐의 미발표곡에 '자클린의 눈물'이라는 제목을 붙이고 직접 연주했다(자료제공 - 네이버 사전).

젠체하는 고독과
그 아래로 흐르는 비극이
그에게
모든 것이 끝났음을
선포했다

복수의 후유증

토끼와 거북이가. 아주. 오랜만에
만났다
전부터 그 자리에 있던
커다란 나무 등골 옹이에
몸을 비스듬히 기댄 토끼가
말했다

여기서 아주 푹 잤지
너를 기다리면서
네가 지나가는 동안에도
네가 지난 후에도 마음 내려놓고
한참을 잤지
그때, 나는 그런 존재였어
하지만, 지금은 아니야
그때, 네가 알았던, 그 내가 아니거든

거북이는 생각에 잠겼다
그때 자기가 알았던 토끼는
지금의 자신이 아니라는 고백
도대체, 무엇을 의미할까
지금 내 앞에 있는 자신이

내가 바라는 자기라는 의미인가
아니면 지금의 자신에게
그때와는 다른
새로운 의미를 부여해 달라는
요청인가

토끼는 겸연쩍은 얼굴로
거북이는 불안한 표정으로
넓게 자리 잡은
사월의 나무 잎새가 흔들리고 있는
그림자를 본다

둘, 서로는
어떤 자세를 취할 수 있도록
대비할 시간을 주지 않고,
서로는 서로를
견딜 수 없는 현실 속으로
빠뜨렸다

§ 토끼와 거북이의 경주는 '성실한 존재의 꾸준한 노력이 끝내 승리를 약속한다'는 전통적 관념을 어린 학생들의 뇌리에 심는데 매우 효과적인 우화였다. 그런데, 최근 학생들 사이에서 잠든 토끼를 버려두고, 자기 혼자 승리를 취한 거북이의 행위에 대한 재판 논의가 활발하다.

시에서는 다시 소환된 토끼와 거북이가 만났다. 그 사건 이후로 한참 시간이 지났다. 둘 다 생각한다. 자기가 뭘 잘못했는지, 뭘 복수해야 하는지. 얼굴을 마주하고 앉았지만, 과거의 경주를 놓고 거북이는 거북이대로 할 말이 없고, 토끼는 또 그대로 입장이 난처하다. 시의 마지막 연은 아니 에르노의 소설 『사진의 용도』에서, 연인이었던 두 사람이 헤어지기 직전 서먹서먹한 모습을 묘사한 부분을 가져와 맥락에 맞게 변형했다.

내 꼬리

어, 어
저 차 좀 봐
파란색 포터로 사람들의 시선이 고인다

풀린 두루마리 휴지가
가오리연 꼬리처럼 포트 조수석 쪽 문에 매달려
휘어진 정오의 굉음을 나른다

가던 길을 멈추고
전모(全貌)를 돌아보지 않는다면, 저이는 절대 모르리
풀린 꼬리를

누구에게나
자기 뒷모습은 타인. 나만 모르는
나

의자의 의리

낡고, 못생긴, 속 깊이
의자가
자주, 아주, 나를 거부한다

좌절과 분노에 젖었던 그녀를
포기와 안도로 진정시켜온 의자가
자꾸만, 몸을 흔들며, 나를 부정한다

뒤뚱거리는 척하면서
나를 밀어내어 엉덩방아를 찧게도 하고
한쪽 다리를 슬그머니 드는 바람에
내 머리를 바닥으로 내리꽂아 뇌진탕을 먹이기도 한
못생긴 의자가
아내를, 못내, 그리워한다

슈만의 꿈[1]

어디론가 사라졌다가
다시 나타났다

저미는 아픔이
촛불처럼 타오르며
신체 하부 기관으로 녹아내린다

음을 따라 영혼이 집을 비운 사이
몸은 시간을 망각하지도 않았고
페니아를 따라 헐벗지도 않았다

음이 아무리 큰 시련 속으로 몸을 내던진다 해도
여문 뿌리 속에서 은둔했던 죽순이 땅을 밀고 올라오는 것처럼
시간으로부터 생겨난 말캉함이 메마른 가슴을 뚫고 자란다

음으로 가슴이 더워진 동안에는
시간을 놓을 수도 잊을 수도 없다
몸은 아무것도 아닌 것이 될 수도 없으니

1 꿈 : 슈만의 작품 중에는 어린이를 위한 음악이 많다. 꿈은 〈어린이 정경〉7번째 작품으로, 동심의 세계를 따뜻하게 그려냈다. 이 작품은 슈만이 28세가 되던 해인 1838년에 완성됐으니, 클라라와 열애하던 시절의 작품이다(자료제공 - 네이버 사전).

다시, 시간이
어디론가 사라졌다
다시 나타나 이어질 음으로

§ 슈만의 '꿈'을 듣고 있다. 연주가 진행되는 동안 음률은 시간의 지시에 따라 나타났다 사라졌다를 반복한다. 잠시 피아노 소리가 멈추고 이어질 음률을 기다릴 때면, 연인을 기다릴 때처럼 고독과 슬픔이 한꺼번에 밀려온다. 슈만의 피아노 소품 '꿈'은 곡이 진행되는 동안 몽환적 상태에 빠지게 한다. 이 곡은 대체로 음과 음 사이의 간격이 길어, 하나의 음률에서 다른 음률로 옮겨갈 때 기다림의 시간을 인지할 수 있을 정도다. 그래서 몽환적 상태에 빠져 있다가 음이 멈추는 순간 잠에서 깨기를 반복하게 된다. 마치 사랑을 시작했다가, 이별하고, 다시 또 사랑을 시작할 때처럼.

낙타의 굴레[1]

여러 주인이 있다
내게는. 아니, 사실, 내가 그들의 주인이 아닌가!
다만, 내가 그들 없는 삶을 생각할 수 없다는 점에서
그들이 내 주인 행세를 한다
사실이 그렇다

첫 번째 내 주인님은 에로스다
그이 없이는 살 수 없다
이이는 내가 삶에서 좇는 중대한 가치다
종종 그이는 자기 앞에서 무력해지는 나를
하인 취급한다
그래도 하는 수 없다

두 번째 내 하인은 관계다
그이는 내 삶의 지향성
인간으로서 맺는 결절(結節)의 총체
싫으나 좋으나 만나는 매듭들

---

1 니체의 『차라투스트라는 이렇게 말했다』에 따르면, 낙타는 운명과 환경에 순종하며, 자기에게 주어진 모든 것을 묵묵히 수행하는 존재다. 그렇게 낙타는 다만 사막을 걷는다. 짐 진 채 묵묵히, 자기 운명이나 환경에 대한 일체의 원망 없이 스스로를 낮추고, 버티며, 하루를 살아낸다. 이것이 인류의 최초의 정신이다. "해야 하니까 한다"는. 그러나 (생각하는) 인간은 자기 운명에 저항하는 사자의 정신으로, 그리고 모든 것에 초월하는 어린아이의 정신으로 나아간다.

이이에 휘둘려
나 자신이 희미해질 때마다
나는, 되뇐다
관계가 있고, 내가 있다, 그러니
내 위에서 나를 바라보는 그이의 간섭 없이
나는. 못 산다

세 번째 나의 주인님은 부귀영화다
그는 내 삶의 토대
돈 없이는 일상이 깨질 것이므로
내 옆에 그이를 가까이 두기 위해
시간의 많은 부분을 할애하며 전전긍긍한다
그이는 자기를 귀히 여기는 나를 얕잡아 보고,
하인 취급하며, 자주 폭력을 행사하려 든다

네 번째 하인은 고독이다
그이는 친애하는 나의 연인
너무 멀리 있으면 내 심사가 메마르고
너무 가까이 있으면 나 자신을 잃게 된다
헤어질 수도 함께 살 수도 없는
엉거주춤한, 나의, 진정한 주인님

나는, 지구에 사는 이 땅의 사람으로서
세상을 둘러친 온갖
용재자[2] 와 전재자들로부터 암만해도 벗어날 길이 묘연하다
자발적 복종에 스스로 취해
무한한 선택의 자유를 가졌다는 착각에 빠지지만
실은, 내가, 이 모든 것의 노예라는 사실을
모른 척하고 산다

2 용재자와 전재자는 하이디거의 개념이다. 용재자는 인간과 더불어 세계 - 내 - 존재하는 사물인데, 호미나 청소기처럼 일상생활에 쓰임 있는 도구다. 전재자는 세계 - 내 - 존재하는 대상이지만, 도구가 아니라는 점에서 실용적 차원의 사물은 아니다. 이것은 그저 있는 대상이거나 혹은 인간의 관조 대상이다.

사물의 길 – 쓸모를 박탈당한 용재자(用材子)

같아 보인다고요?
실제로 그래요
자기 속에 갇힌 것같아 보이는 것이 아니라
실제로 우린 암흑 속에 빠졌죠
중첩된 저장, 그리움은 그런 거니깐
앙상한 나뭇가지 같아 보이는 것이 아니라
실제로 우린 황량한 벌판의 한 그루 나무죠
생명을 다한 사랑, 실연의 상실감은 그런 거니깐
날개 꺾인 새 같아 보이는 것이 아니라
실제로 우린 날개 잃은 카나리아입니다
쓸모를 상실한 자의 고뇌는 그런 거니까

참을성 있는 낡은 물건들은 날마다 소리친다
생의 품팔이로 모인 물건들
삶의 진행성을 잃어버린 존재들
이방의 세계로부터 거부당한 미련들
그의 피와 살이 새겨진
허리 굽은 무거운 짐이 새겨진 낭비되고만 물건들
자기를 이해받지 못한 세계의 표상들

어느 날

창고문을 부수고
그 모든 것들 대부분이 떠났다
영광된 결말도 없이
그들이 섬길 누군가를 찾아

---

§ 하이데거에 따르면 세계를 구성하는 것은 존재와 존재자다. 존재자는 현존재자, 즉 인간을 의미한다. 존재는 인간의 시야에 있는 사물인데, 용재자와 전재자로 나뉜다. 용재자는 쓸모를 갖춘 일상용품들이다. 반면 전재자는 그저 있는, 관찰 대상이다.

시에서 창고를 탈출한 사물들은 용재자다. 이것들은 현존재자의 쓰임을 통해 존재성을 확보한다. 그런데 욕심 많은 어떤 현존재자가 사물들을 창고 속에 쟁여놓고 잊어버렸다. 이는 용재자가 자기 존재성을 상실하게 되는 계기다. 사용가치를 박탈당한 용재자들은 더는 존재로서 기능이 없게 된 셈이다. 이에 창고 속 사물들은 암흑 속에 갇힌 자기의 처지를 한탄한다. 이들이 느끼는 상실감은 사랑하는 이로부터 버림받은 존재의 심리 상태와 흡사하다. 자기 존재의 변용으로 사물들은 억울하다가 분노하고, 불안하다가 공포에 빠진 자기를 구하려, 결국 창고를 탈출하게 된다.

사람의 길 - 벼룩시장에서

지금, 무엇을 할 수 있을까

뾰족하게
돌출된 실마리 끝에 매달린 벼룩 한 마리
그 종착점에 있을 실패의 크기를
생각한다

감 잡히지 않는 희망
그것을 향해 유도된 간곡함으로
야망과 절망의 극단을 오가며
실마리를 찾아 뛰어오른다

고단한 생의 실마리
구인과 구직의 무수한 공고, 수십 번의 접속
그 사이로 난 가파른 가능성조차
뚝 끊어져 버린 실마리

누가
어디에서
나를 불러줄까?
나를 보여줄 때가 오기는 할까?

나는, 무엇을 할 수 있을까

---

§ 근대 산업화 이후, 인류는 더 이상 영혼의 구원이나 진리에 관심을 두지 않는다. 이제 인간은 고귀한 인격을 지닌 존재가 아니라, 무엇인가를 실행하는 도구다. 자본을 획득하거나 소비하는 것은 그것이 무엇이든 간에, 인간 구실을 하는 존재로 인정받는 유일한 길이다. 따라서 전통적 관점에서 볼 때 좋은 인간이라 할지라도, 그가 비자본적 존재라면 무의미하다. 이런 상황에서 "인간이란 무엇인가?" 라는 질문은 인간 그 자체에 대한 회의가 아니다.

시에는 한 젊은이가 슈퍼마켓 앞 신문 가판대에 있던 벼룩시장을 펼쳐 들고 볼펜으로 표시를 해가며, 구인광고를 읽고 있다. 실직에 지친 그의 표정에서 유약한 삶의 그림자가 보였다. 그는 어디에서 인정받으며 삶을 꾸릴 수 있을지, 주변인으로서 자기 사정과 삶의 주체로서 자기 자신에 대해 생각하고, 또 생각할 것이다. 헝클어진 생의 실마리, 쉽게 풀리지 않는 복합적인 문제들, 그는 그런 생각에 빠진 듯 보였다. 세계 - 내 - 현존재자로서 자기 위치를 찾아내는 일, 이웃과 삶을 연대하는 일, 이것은 그의 존재성 확보와 밀접하게 연관되어 있다. 이 모든 것은 호명이 있어야만 가능한 일이다. 그는 그저 '있기' 때문에 인간이 아니라, 무엇을 '소비하고 있어야'만 인간이기 때문이다.

그것은 그것이 아니었다

작업실 벽에는
손가락 발가락이 잘려나간
이미 괴사가 시작됐는지 드문드문한 얼룩
진득하게 엉겨 붙은 피투성이 손발 그림이
붙어있었다

그림에 주목한 순간
그것이 내게 뭐라 중얼거렸는데
내 몸에서
돋는 소름 소리인가 했다

저것은
세계를 반사한 풍경
그런데
마치 존재하는 무엇인 양
자꾸 중얼거린다
나는
그 소리로부터 벗어나지 못해
구역질이 난다

저것은, 그림일 뿐이다.

그 사실을 아는데도 무섭다
그것의 중얼거림은
실재(實在)보다 더 자극적으로 감정을 쪼여와
무섬증으로
내 몸은
뿌연 석회처럼 굳어간다

이미지로부터
고개를 돌려 회피하고 싶은 욕구
와
좀 더 들여다보고 싶은 욕구
가
충돌한다

그것은, 그것이 아닌
무엇을, 보여주는가
정신에 잔뜩 힘을 붙여
온몸을 구부려 그림 속으로 들어간다

나는
그림이다

손가락 발가락이 절단된
손이다
발이다

---

§ 예술은 우리가 현실에서 쉽게 간과하는 것들에 관심을 갖도록 하는 기능이 있다. 현실에서 만나는 타인의 상처나 애환은 그저 그들의 고통으로 치부하기 십상이다. 그러나 이것이 영화나 그림 등 예술가의 기획 속에서 고통으로 나타나는 순간, 우리는 깊이 공감하게 된다. 이 점에서 예술은 현실보다 더 현실적이다.

시적 화자는 어떤 작가의 그림을 보고 통제할 수 없는 고통을 경험한다. 이처럼 사람의 마음을 들여다보게 만드는 예술, 감정에 주목하는 이 시대의 예술을 단순한 키치[1]로 정의하는 것은 무리가 있다. 현대 예술은 전통적 예술이 추구하던 것과 다른 것을 목표로 삼는다. 그것은 인간 인식을 넘어서는 초월적 가치가 아니라, 현실에 토대를 둔 사람들의 기쁨을 위해 존재하며 슬픔을 위로하기 위해 존재한다.

---

1 키치는 '나쁜 예술'로, 미적 가치를 결여한 예술을 의미한다. 이는 전통적 예술에 토대를 둔 미학의 관점이다. 이들이 보기에 현대 예술은 기이하고 저속한 속물이므로, '키치'로 명명한다. 이들에 따르면 현대 미술의 새로운 장을 연 팝아트나 레드 메이드 작품은 하찮은 모조품으로 저급한 것이다. 이는 나쁜 '취미'로 간주되며 싸구려 문화상품 등의 부정적 의미로도 이해될 수 있다.

교환 불가능한 주관성
- 지나치게 사소한 문제

소리
소리
소리
소리가 소란스럽다

지붕 위 하늘에서 무덤 짓는 소리
사천 공항의 비행기 이착륙 소리
제주도 앞바다 갈치잡이 소리
덕유산 케이블카를 스치는 바람 소리
섬진강에서 재첩 캐는 소리
변산 채석강 밀물 때 소리
국회의사당 주변의 응원봉 소리
화엄사 경내를 벗어난 목탁 소리
저 멀리 뒷산에서 새벽부터 울어대는 소쩍새 소리
칠일 밤낮으로 타닥타닥 춤추던 산 불꽃 소리
현관 신발장에 사는 바퀴벌레 기침 소리

열거될 수도
열거할 수도 없는 그 밖의
소리들
저 모든 소리의 진원지

저 모든 사태는

내 귀에서 시작됐다

증상(症狀)

혼자 있기 좋은 밤
바람조차 드문 창가에 앉아
손 타지 않는 어둠에 기대곤
몰아뒀던 아픔을
하나씩 꺼내 놓는다

어둠이 나를 다독이는 사이
변질된 분노가
더디게
더디게, 새벽을 데리고 올 것이다

개성(個性) - 신상(新商)의 시대

당신은 세계 풍경에 안개를 뿌려대는 악마다. 안개가 시야를 흐리는 통에, 있는 그대로의 세계를 볼 수 없다. 당신이 바로 나라고는 하지만, 당신이 내 속에 살도록 허락한 적 없다. 그런데도 당신은 내가 무엇 하나라도 그 자체로 바라보는 것을 막는다. 편견을 단짝으로 끼고 다니는 당신 덕택이다.

정말 짜증 나는 것은 친분 있는 사람들마저, 당신과 나를 동일시한다는 사실이다. 나는 그들에게 내가 당신을 만든 게 아니라고 항변하지만, 소용없다. 더 불행한 건, 당신은 이미 굳어질 대로 굳어진 채로 내 정체성에 달라붙어 있어 뗄 수도 없다는 점이다.

요즘 젊은이들이 당신을 개같은 성질이라고 부르는 데는 그만한 이유가 있다. 당신은 내가 세상을 제대로 조명하는 것을 막는, 아니 세계의 법칙을 왜곡시키는 허황한 색조 안경이지 않은가. 이건 비단 나만의 문제는 아니다. 당신은 내 속에만 사는 것도, 나만을 지배하는 것도 아니다. 모든 사람, 심지어 이제 막, 말을 시작한 아기에게도 당신은 있다.

미디어 연구자들은 사람들 속에 있는 당신을 끄집어내어 이 시대의 문화로 만든다. 또 당신의 부가가치를 알아본 자본가들은 사람 속에 내제된 당신의 특징을 범주화하고, 이를 획일화시킨다. 곧 당신은 시대 정신의 표상으로서 보편성이라는 사물에 실려 여기저기로 팔려나간다. 덕택에 자본가들은 나날이 배가 커진다. 이렇게 당신은 우리 시대에 더 중요한 존재가 되었지만, 저마다의 고유한 색깔 자체가 퇴색되어 버렸다

아, 이제 당신은 내가 아니어도 내가 된다. 세계는 당신을 통해 분별 되고 사려 된다. 통계로 축출되어 연구자료로 더 보편화된 당신의 힘. 이제 내가 없어도 당신은 2025년의 획일화된 정체성으로 남을 것이다.

진짜로 화가 난다. 당신은 세계 풍경에 안개를 뿌려대는 악마의 다발. 그 안개가 시야를 흐리는 통에 나는 있는 그대로 볼 수 없다. 그렇다. 지랄 맞은 내 개성 다발은 루이뷔통이나 샤넬 혹은 버버리를 걸친 메타포 누더기다.

§ 현대인에게 소비는 단순한 구매가 아니다. 자기가 실존을 확증하는 증거다. 소비를 통해 살아 있다는 사실과 자기 삶의 상황을 증명하기 때문이다. 사회심리학의 관점에서 보면 사람들이 사는 구매 품목을 통해 그의 정체성을 확인할 수 있다. 즉 그가 먹는 음식은 단순한 섭취가 아니라 즐김의 일환으로 그를 나타내는 기호다. 이들이 즐겨 먹는 음식은 이 시대 사람들의 바람과 삶의 의지가 투사된 어떤 이미지로 볼 수 있기 때문이다. 다시 말해 그의 소비 패턴이 곧 그의 개성(個性)이다.

시적 화자는 타인이 부여한 자기의 개성을 부정한다. 이것은 자기 내면에서 형성된 독특함이 아니라, 이 시대가 계획적으로 조직한 시대성이기 때문에 그렇다고 한다. 그가 보기에 사람들이 열광하는 고가 브랜드 상품은 사람들의 개성을 조작하는 시스템이다. 시적 화자 역시 무엇인가가 필요해서 이것저것 사기는 한다. 그런데 사람들은 시적 화자가 구매하는 상품을 보고 그의 개성을 추론하는데, 그는 그것이 몹시 못마땅하다는 입장이다. 당신은 오늘 무엇을 소비했는가? 그것이 당신의 개성과 진짜로 맞닿아 있는가? 화자의 말처럼 타자의 시선을 통해 확증되는 개성은 진정한 자아가 아니다. 이것은 일종의 이미지로, 시뮬라크르[1]의 연속일 뿐이다. 이 자아는 의미 없는 일종의 언어적 유희의 실험장일 뿐이므로, 지극히 일회적인 당신이다.

1 시뮬라크르 : 원본이 없는 이미지 · 모사물로, 현대에는 현실보다 더 현실 같은 '하이퍼리얼리티'를 형성하는 개념이다. (자료제공 : 네이버 사전)

원시인 - 소비 사회의 이방인

현금으로
스타킹을 사고
붕어빵과 오뎅을 사 먹고
세뱃돈과 조의금은 빳빳한 새 돈을 넣는다
정조 대왕의 꿈을 이어받은 나는
돈을 주고받는 현금 유통에
만족감을 느껴
지갑에 현찰만 갖고 다닌다

길게 줄을 선 계산대 앞에서
10원짜리까지 세어주는
나를 보는
사람들의 시선이 꼬깝다

그런들 어떠랴
카드의 뻣뻣하고 메마른 이질성에
정나미가 떨어져
편리하다는
은행 창구 직원의 꼬임에 절대 넘어가지 않으리

§ 친구로부터 카카오페이로 축의금을 받았다. 카카오페이는 평소 내가 사용하지 않는 금융기관이다. 몇 번의 오류와 거듭된 절차를 거쳐, 어찌 어찌한 끝에 카카오페이 통장을 개설했다. 나는 신문물에 유독 둔하다. 간혹 카드 마그네틱이 손상되어 계산이 안 되는 상황에 처할 때마다, 편리하다고 없애버린 현금 유통체제가, (이것은 마치, 파우스트의 메피스토펠레스처럼 자발적 선택이었음에도) 과거의 통상 거래 방식이 자주 그립다. 이런 점에서 나는 원시인이다. 개선이나 개발보다, 지금의 유지와 안분지족으로 생을 이어가는 저 먼 시절의 원시사회를 꿈꾼다. 나는 장자크 루소의 '원시인'이다. 기왕이면 '우아한' 원시인이 되고 싶다. 사람을 편 가르는 선 · 악 개념 없이, 상대적 빈곤과 박탈감에도 시달리지 않고, 사색할 시간이 충분한 자연 그대로의 존재였으면.

새끼 거미의 사정(事情)

1. 수라

거미 새끼 하나 방바닥에 나린 것을 나는 아무 생각 없이 문밖으로 쓸어 버린다. 차디찬 밤이다. 어니젠가 새끼 거미 쓸려 나간 곳에 큰 거미가 왔다. 나는 가슴이 짜릿하다. 나는 또 큰 거미를 쓸어 문밖으로 버리며, 찬 밖이라도 새끼 있는 데로 가라고 하며 서러워한다.

이렇게 해서 아린 가슴이 싹기도 전이다. 어데서 좁쌀알만 한 알에서 가제 깨인 듯한 발이 채 서지도 못한 무척 작은 새끼 거미가 이번엔 큰 거미 없어진 곳으로 와서 아물거린다. 나는 가슴이 메이는 듯하다. 내 손에 오르기라도 하라고 나는 손을 내어 미나 분명히 울고불고할 이 작은 것은 나를 무서우이 달아나 버리며, 나를 서럽게 한다. 나는 이 작은 것을 고 보드라운 종이에 받어 또 문밖으로 버리며, 이것의 엄마와 누나나 형이 가까이 이것의 걱정을 하여 있다가 쉬이 만나기나 했으면, 좋으련만 하고 슬퍼한다.

2. 나는 거미다

당신이 보기에, 내가 당신 손톱만 하다고요. 참 내. 어이가 없네요. 내가 좁쌀 한 톨보다 하찮다고요. 그래요, 방바닥에 앉아서 나를 물끄러미 바라보는 당신의 시선에서 심한 굴욕감을 느꼈

어요.

하지만 갓 깬 미물처럼, 당신 눈에 내가 그렇게 시원찮아 보여도, 나는 내 생명력을 스스로 유지하고 운영할 수 있는 구동력을 갖춘 완전한 존재라고요. 나는 살기 위해 다른 존재들과 협동해야 하거나, 외로움 때문에 사회를 조직해야 하는 그런 의존적인 존재가 아니라고요. 나는 태어난 순간, 아무의 도움 없이, 스스로 존재할 수 있거든요. 그러니 나는 당신처럼 아무 대상에게서 가족과의 유사성 따위를 찾아 헤매지도 않아요. 또 자기 자신을 지나치게 가엾게 여기곤, 그 심정을 다른 대상에 투사하지도 않아요. 그럴 시간 있으면, 거미줄 한 번 더 치겠어요. 그게 사는 거지. 난, 절대 당신처럼 유약하지 않아요. 사실, 거미의 몸은 당신네 족속에 비하면 훨씬 더 완전체에 가깝죠. 그러니 그런 안타까운 시선으로 보지 말라고요.

나는 애초에 어미나 누이 나부랭이가 필요 없어요. 괜히 요란 떨며, 나를 차가운 밖으로 쫓지나 말아줘요. 아, 제발 나를 향한 관심이나 꺼줘요.

아, 아, 참 내. 아이쿠, 추워라. 온갖 측은지심 다 부리더니, 결국 이 추운 데로 나를 쫓는군. 제기랄, 당신은 천하의 수라야!

§ 이 시의 1은 백석의 시 '수라' 전문을 그대로 옮겨왔다. 백석 시 연구자에 따르면, '수라'는 일제 강점기 우리 민족의 분열 상황과 가족 해체 문제를 다루고 있다고 한다. 이런 평가의 근거로 시 제목 '수라'의 의미를 든다. 백석의 시에서 수라는 중의적이다. 첫째는 불교 개념이다. 아수라는 팔 부 중의 하나로, 얼굴이 셋이고 팔이 여섯인 귀신(鬼神)으로. 악귀(惡鬼)의 세계(世界)에서 싸우기를 좋아한다. 둘째는 어떤 상태를 의미한다. 싸움이나 그 밖의 다른 일로 큰 혼란(混亂)에 빠진 곳, 또는 그런 상태(狀態)를 의미한다.

이 시 2의 화자는 1의 화자를 비판하는 새끼 거미다. 새끼 거미 입장에서 보면 특별할 것도 없는 인간이 자기를 미물 취급하며 동정한답시고, 이런저런 관심을 보인다. 이를 빌미로 자기를 귀찮게 한다. 이 맥락을 고려할 때 2의 화자는 1의 화자를 악귀인 아수라로 간주한다고 볼 수 있다.

삶의 영원 회귀(回歸)

자비를 바랄 수 없는 시절(時節)

바람(望)은 잔혹하여
물가(心)는 가혹하여
사랑(愛)은 비정하여

순환하는 시간, 그 기다림만이
유일한
위안이다

아무도 갈 수 없는 땅 - 이상(理想)의 길

1. 옳은 길

돼지 두 마리는
젊은 돼지 두 마리가
갈림길에서 한참을 옥신각신한다
어느 길로 가야
자신들이 도달해야 할 목표에 이를 수 있는지에 대해
두 돼지는
아주 진지하게 논의했지만
견해를 좁힐 수 없다
사실 그들이
점잖게 논의만 한 것은 아니다
우격다짐과 공갈 협박으로
서로를 죽일 듯 몰아붙이기도 했다
각자 선택한 길을
제각각 가면 그만인 것을
이들은 왜
자신이 선택한 그 길로
함께 가려 할까
사랑하기 때문에 그렇다
자신이 선택한 그 길로 가야만
모두 원하는 목표에

도달할 수 있다고 생각하기 때문에
그 갈등을 겪고도
따로 가기 어려운 것이다

하지만 결국
둘은 각자의 길을 걷기로 했다

2. 갈림길

우측 길을 걸으며 돼지는
생각했다
큰길까지 빨리 도착하려면
선택과 집중이 중요한데,
그렇게 하자면 버려지는 가치와
포기해야 하는 원리의 억압은
어쩔 수 없는 일
그 사소한 폭력쯤은 눈을 질끈 감으면
될 일
왜 친구 돼지는 좌측 길을
고집했을까
갈림길 끝에 다다랐을 때도
그는 자신만이

큰길에 이를 수 있을 것이라 생각했다

다른 한편,
구부러진 좌측 길
선량한 사고를 한다고 자부하는 돼지는
배제되거나 소외되는 가치 없이
생산의 극대화보다는 복지의 저변 확대가 더 중요하다고
나중에 온 자에게도 먼저 온 자만큼 권리를 줘야 한다고
이 진리의 길, 자신이 걷는 이 길이라야만
친구를 구할 수 있다는 믿음으로
함께 가지 않는 친구의 선택을
애통해했다
갈림길 끝에 다다랐을 때도
그는 자신만이
큰길에 이를 수 있을 것으로 생각했다

3. 큰길

갈림길 끝에 다다랐을 때
두 돼지는
각각 놀라고, 또, 놀랐다
우선

친구도 큰길에 이를 수 있다는 사실에
놀랐다
또, 참 많이도 변한 친구를 보고 놀랐다
또, 그들 서로는, 서로를 보며
갈림길 초입에서의 그 당당함과 서슬 퍼런 용기는 자취가 없고
초췌하지만 달큰한 자족감에 빠진 친구가
왠지, 돼지 같지가 않다고 생각했다

두 돼지 모두
자신들이 다다른, 그, 큰길은
친구와 자기를 갈라놓은, 그, 큰길이
갈림길에서 자신이 선택한 결과가 아니라는 사실에 놀랐다
그 길은, 처음부터 거기에 놓여있었지만
원래부터 그들이 찾던 길일 수 없음으로
그 길은, 자신의 신념 속 이상과 크게 괴리된
다소, 그들의 선택을 우롱하는 듯한 비아냥거림으로
두 돼지를 맞았다

머쓱해진 돼지 두 마리
이제, 중년이 된, 돼지 두 마리가 머리를 맞대고 앉아
이상에 대하여

도리에 대하여
천리에 대하여
행복에 대하여
무엇을 말해야 할지 논의를 시작했다
내일은 어떨지
도무지 모를 일에 대하여

---

§ 유권자는 정치적 대의를 믿는다. 그래서 대표를 뽑을 투표 전에 고민한다. 누가 정의를 위해 옳음을 집행해 줄지. 시적 대상들 사이에서 벌어진 풍경은 대선이나 총선을 앞둔 우리 모습이다. 젊은 돼지들은 정치적 대의, 즉 큰길을 앞에 놓고 갈등한다. 이들은 각자 자신이 선택한 길이 옳은 길이라고 믿는다. 자기만이 큰길의 청사진을 선명하게 볼 수 있다고, 그래서 모두 따라야 한다고. 하지만 이견을 좁히지 못하고, 결국 각자의 길을 선택한다. 그런데 선택 후, 그들이 도달한 길은 자신들이 꿈꾸던 세계가 아니었다.

우리는, 어쩌면 우리가 양도한 정치적 권리가 본래 의도대로 실행되는 상황을 절대 볼 수 없을지도 모른다. 어떤 방식의 정치를 채택하더라도 결과는 유사할 것이다. 이렇다면 차선만이 최선이다. 그럼에도 우리는 매번 갈등한다. 두 돼지처럼 자기의 선택만이 큰길에 이를 수 있는 최선이라고, 목소리를 높인다.

세계를 잃은 소년

소년은
마치 노인처럼
지친 웃음을 보였다

깊게 파인 미간 주름에는
포기가 깃든 관용이
인중에는 용서하는 자의 피로가 퍼져 있었고
눈가는 마리아가 아들 예수를 안고 있는 피에타상의 옷 주름이
평화롭게 패어있었다

그 소년은
어른을 닮은 아이가 아니라
자기 장래를 알아버린
진짜 어른이다

아이가 될 기회를 잃어버린
아이로서의 삶을 놓아버린
스스로 자기의 부모가 된 그 어른은
아무도
원망하지 않았다

소년은

마치 노인의 뒷모습처럼

느린 걸음으로

학교 운동장을 빠져나갔다

만학도의 아침

신호등 사거리의 가로수 왼쪽 가슴에
은하수 여자고등학교 1학년
김샛별이라는 이름표가
붙어있다

신입생이 된 저 학생
백발 성성한 저 신입생
이순을 넘겨
곧, 종심이 온다

여기에 서 있으면서도
저기에서부터 걸어온 시간의 터널에서
그녀는 무엇을 봤기에
신입생이 된 걸까

이순에 이른 잎새들은
무엇이든 마음대로 해도
법도에 어긋나는 바가 없다고 했는데
저 신입생은
또 무엇을 배우려 할까

학생들이 학교로 몰려간
아침에
그이도 학교로 간다
교실은
모든 봄꽃이 한꺼번에 개화하듯
모든 신입생의 목소리가
한꺼번에 피어나는 소란의 향연이다
이순의 신입생, 돋아날 새순이 기지개를 펴며 소리를 보탤 때,
아이쿠,
우수수 교실 바닥으로 떨어지는 교복 조각
나 어린 동급생들이
그녀에게 청소 거릴 늘린다고 눈치를 준다

봄바람에 살랑이는 그녀의 머리카락 사이로
아무도 볼 수 없는 빛이 스며
수만 가닥 무지개다리가
놓였다

§ 동네 주변 여고의 학생이 길가에 이름표를 떨어뜨렸을까? 길을 가던 누군가, 그걸 주워, 가로수 껍질에 나무의 고유한 이름표처럼 달아 놓았다. 신호등을 기다리느라 그 나무 옆에 서게 되면, 그 이름표에 저절로 주목하게 될 것이다. 어느 행인이 나무에게 이름을 부여했기 때문이다. 이 봄, 그 나무는 신입생 되어 특별히 조명받는 존재로 섰다.

최근에는 연세 있으신 어르신들도 공부에 관심이 많으시다. 옆집 어르신도 공부에 재미를 붙이셨다고 한다. 만학도가 된 그분은 청소년 시기로 다시 돌아가신 듯 학구열을 불태우신다. 시에서 화자가 말했듯, 이미 세상 원리와 삶을 다 공부하신 분들은, 학교에서 무엇을 배우실까? 지금까지, 그분은 누구의 아내나 엄마로 또 누구의 할머니로 불리셨다. 이제 그분은 자기 이름 석자를 다시 찾게 됐다고 행복해 하신다.

잃어버린 시간을 찾아

한적한 교외 카페 화장실에
엘비스 프레슬리가
있다

가을 햇살같은 미소 띤
그이가
나를 본다

오래전, 아주 오래전
내가 푸른 꿈에 살던 때
나 혼자서도 잘 놀던 때
나와의 얘기가, 참, 순탄하던 그때
그이는
나의 영웅이었다

시간의 나비 떼…

오늘, 화장실에서 만난 그이가
오래전, 내 것들이었던 갖가지 정동들을
되살려 주었다

그 순간

모양 빠지는[1] 모든 것들이

그의 축복 속에서

숨쉬기 시작했다

---

§ 롤랑 바르트의 이미지 이론에 따르면 사진은 단순한 의미체계가 아니다. 그 정지된 장면에는 '살아 있음'의 잔여가 내포되어 있다. 실재 인물이 이미 오래전에 헤어졌거나, 죽은 사람 일지라도, 사진 속 그이는 여전히 내 눈앞에 존재하는 '현존감'을 지녔다. 이것을 보는 순간 관조자는 자기를 찌르는 듯한 감정의 파동을 느낀다. 봄에서 건드려진 이 감정은 깊은 상처나 열에 들뜬 기쁨을 촉발한다. 이런 점들을 고려할 때 사진(이미지)은 '부활의 장소'다. 이 장면을 통해 이미 오래전에 전에 사라졌던 '무엇이' 되살아나기 때문이다. 되살아난 것은 구체적인 의미나 (논리적인) 말로는 설명될 수 없는 감정적 진실을 드러낸다.

시적 화자는, 문득 만난, 엘비스 프레슬리를 통해, 그를 좋아했던 오래전의 자기와 그 시절의 추억을 되살린다. 그중에는 즐겁고 유쾌한 사건도 있지만, 지금 자신으로서는 아프게 여길만한 상처도 있다. 하지만 엘비스 프레슬리의 미소가 그 흑역사들마저 축복한다. 덕분에 시적 화자는 잃어버린, 혹은 강제로 삭제해 버렸던 지난 시간을 되찾는다.

---

1 '모양 빠지다'는 관용어구로, 어떤 것의 맵시나 모양새가 마음에 들지 않거나, '이미지 관리' 중 자신이 추구하는 이미지를 파괴하는 행동을 의미한다(자료제공 - 네이버 사전).

기만 - 공리주의적 신화

진주를 만든 최초의 모래 한 알은
기만이다
거짓이었다
의도된 오류였다
인류문명이 신화에서 시작된 것처럼

아무것도 아닌 기만을
인류의 꿈속에 슬쩍 끼워 넣고서
그것 때문에
사람들이 어떤 비극에 처하는지
모른 척한다

서걱거리는 모래가
조개의 속살을 상처 내는 것처럼
쑤석거리는 위협과 폭력으로
존재를 길들이는 신화
굴리고
덧입혀진 후
휘황한 진주 한 알이 되었다
찬란한 세기의 문명이 되었다

그가 있으라 하심에

최초의

거짓말이 있었다

---

§ 룰루 밀러의 『물고기는 존재하지 않는다』를 읽고 있다. 밀러에 따르면 우리가 흔히 물고기라고 부르는 것은 물고기가 아니다. 어류는 인류라는 종의 분화 과정에 해당하는 한 지류다. 그런데도 우리는 갈치, 조기, 고등어 등을 어류로 분류하고 맛있게 먹는다. 룰루는 인류가 어류를 물고기로 분류하고 맛있게 먹어 치울 수 있도록, 누군가가 우리에게 가당치도 않은 얕은 거짓말을 심었다고 주장한다. 현대에 이르러 그 거짓말은 마음 편히 인류를 살찌우는 진리가 되었다.

이 시의 화자는 진리로 알려진 사실들을 의심한다. 진리가 흡사 물고기 분류법처럼 거짓말에서 시작된 것이 아닌가 의심한다. 마치 진주가 강제로 침투된 이물질을 자기인 것처럼 인식하듯이. 진주알은 진주의 의도가 아니라, 누군가로부터 기만당한 결과다. 맞는 말이다. 양식하는 사람이 억지로 조개 속에 모래 한 알을 넣어 생성된 결정체가 진주알이다. 조개 처지에서 보면, 상처와 고통, 인내의 증거가 아름다운 진주알이다. 시의 화자는 인류의 문명도 진주알과 같은 과정을 통해 지금에 이르렀다고 말한다. 신화라는 거짓말이 한 왕국의 역사로 정착되는 과정에 얼마나 큰 상처와 고통이 따랐겠는가!

국회의사당으로 떨어진 번개

돌무더기 사이에 뿌리내린 잡초를 뽑으려, 만만한 돌덩어리 몇 개를 들어내자, 거대한 개미 왕국이 드러났다. 노르스름한 잡초 뿌리를 중심으로 건국된 그 나라는, 나의 들춰냄을 통해 혼란 전국을 맞았다. 단지 만만한 돌이었을 뿐인데.

계통성과 전통을 잃은 모든 개미는 저마다 제각각이었다. 본래 그 왕국은 그 세계 - 내 - 존재자들이 함께 사는 무리의 공간이었을 것이다. 개미란 본질적으로 공동의 존재다. 개미 한 마리가 홀로 있다는 것은 개미라는 존재 양식의 결여다. 개미란 애초부터 홀로 있을 수 없다. 그렇다. 한 마리 개미는 다른 개미와 더불어, 그들을 배려하고 고려하는 보살핌 속에 산다. H2O가 한 분자로 존재할 수 없듯, 평균적 일상성 속에서, 개미의 매일은 대개의 개미가 사는 방식으로 존재함으로 한 마리 개미란 없다. 그는 그저 주어진 존재일 뿐이다. 만만한 돌덩이가 있기 전에는 그랬다.

그럼에도 모든 개미는 한 마리 개미로서 그때마다 각기 저 자신인 그런 존재자이며, 그 한 마리 개미는 각각 존재한다. 하지만 한 마리 개미는 독특한 자기로서가 아니라, 그 집단의 표본으로서 존재한다. 내가 들춰낸 왕국 속 한 마리 개미는 지금까지 그 집단이 요구하는, 다른 개미가 바라보는 그 개미성을 지니고 살았다. 그 만만한 돌덩이만 아니었다면, 그들에게는 아무 문제도 없었겠지.

그런데, 이 따스한 봄날, 만만한 돌덩이 밑에 있던 잡초 뿌리 하나 때문에, 왕국이 대혼란을 맞았다.

잠시의 소요 후, 몇몇 개미들이 등짐을 옮기기 시작했다. 각각 하나였던 개미가 다시 전체 속으로 몰입되는 순간은 빠르고, 정확하다. 일렬로 나름이 지어 늘어선 개미 행렬. 검은 행렬은 하얗고 통통한 알을 등에 업고, 점선처럼 가느다란 긴 줄을 그으며, 화단을 횡단한다.

개미 한 마리
개미 두 마리
개미 세 마리
길을 걸을 때는 혼자지
사방이 막힌 긴 복도를 지나갈 때
양 갈래 길을 앞에 두고 서성일 때
누구라도
웅성거리는 개미들 사이에서
의지할 눈빛을 찾을 것이다.

순식간에 되살아난 전통과 질서가 각각 흩어진 한 마리 개미들을 집단 속으로 이끈다. 나는 치웠던 돌덩이를 기존의 개미 왕국 근처로 슬그머니 옮겼다. 그들에게 다시 소요가 올 것이다. 공동체의 붕괴는 아무것도 아닌, 번개처럼 사소한 것에서 온다. 잔인한 0000년의 사월은 집단성의 괴멸과 자아의 상실과 표본이 훼손된 계절이다.

보이는 것에 담긴 존재의 실체,

보이지 않는 것이 자아낸, 네 존재의 의미가

바로, 지금. 그 만만한 것.

호모 콤파라티오[1]

네가 있어야
내가 있어

네가 앞에 있는 이유는
내가 네 뒤에 있기 때문이며
너의 탁월함은
마주한 나의 무기력 덕분에
빛나
그래서 난 네가 자랑스러워

언제나 그래왔지
너를 향한 시선 뒤에야
나로 이어졌지
자랑스러운 나의 너

우리를 향한 구분은
눈빛의 밝기, 머리카락 숫자처럼
현상에서 드러난 형상을 넘어서
영혼의 맑기, 행복의 농도처럼
측정 불가능하여 임의의 값을 구할 수 없는

---

1 '호모 콤파라티오'라는 시어는 한국표준과학연구원 이승미의 글에서 차용했다.

서정성까지 이르러
내가 움츠러들수록
너는 더 당당해지니
내가 비참해질수록
너는 더 위대해지니
쓸모가 부족한 나는
너만 바라봐

오,
이토록 아름다운 비교가
아찔한 너와 나의 실존적 의미를
부여하니
우리는 죽을 때까지
아니,
죽어서도 숙적이 될 운명이야

네가 있어야
너의 콤파라타인 내가 있어

§ 호모 콤파라티오는 비교하는 인간을 의미한다. 측정의 본질인 비교는 인간의 본능에 가깝다. 자아가 형성되는 순간부터 비교를 시작한다. 아니, 자아가 제대로 생기기 전부터, 우리는 비교 당한다. 고개 가누는 시기, 말을 시작한 후에는 키, 성적, 대학, 집 평수, 핸드백과 차 상품 등등. 여러 측면에서 우리는 비교가 실존적 압박으로 다가오는 순간을 수도 없이 느낀다. 그럴 때마다 어찌할 수 없다는 무력감에 시달린다. 나의 열등성을 강화할 엄친아는 어디에나 있다.

문명의 늪

태곳적 향수를 품은 꽃덤불
지지 않는 문명의 꽃 무더기 옆
장미매발톱이 한창인 구역에서
옅은 꼬물거림 일어, 호미를 내 던지고
무릎을 꿇고
그것을 본다
낮은 움직임에
내 그림자 짙게 깔렸다

어둠 내려앉은 그것은 까맣고 조그마한 한 마리 개미, 커다란 흰 등짐을 지고 바삐 가고 있다. 잠시 쉬게 하려고, 어디에서 와서 어디로 가고 있는지, 말이나 붙여보려고, 바쁜 그이의 길 위에 아주 작은 나무꼬챙이 하나를 놓는다

하늘에서 절망처럼 떨어진 장애물을 두고, 그이는 잠시 머뭇거리다가, 그리곤 꼬챙이를 넘어서 가던 길을 가길래, 그래도 그렇지, 그냥 말기는 뭣해서, 작은 조약돌을 그이 앞에 내려놓으며, 나는, 다시 심술을 부린다. 인류의 문명 건설의 향한 의지처럼, 그이는 가던 길이니, 가던 대로 가려는지, 인류가 걸어온 길을 따라, 그 길에 드리운 검은 그림자도, 가로로 놓인 장애물도, 암벽 바위도, 그의 시간을 막을 수는 없나 보다.

소진되지 않는 우리의 욕망처럼, 보이지 않는 미래를 향해 무엇이라도 뚫어내어 지구를 하나로 만들려는 자본적 열망, 늙은 사람들에게 빼앗은 향수들, 획일화된 사물들이 개미의 길 끝에 버티고 서 있지나 않을까, 아, 도깨비처럼 이제는, 모든 것에 시큰둥해진 늙은이에게는 그전처럼 가진 거라고는 그리움밖에 없어, 개미의 그림자처럼 꼬물꼬물 일어나는 기원 없는 그리움에, 꽃을 찾아다닌다.

낮도 타지 않고, 노여움도 타지 않고, 시도 때도 없고, 아무 데서나 들러붙어, 온갖 방해에도 불구하고 물러서지 않는 진보를 향한 의지가, 너를 향해 다가가는구나

나는, 붉은 태양이 언덕을 오르기 전에, 밀림의 고향처럼 잡풀이 무성한 원시적 추억을 품은 땅으로 가, 검은 그림자 드리운 개미를 찾아, 다른 사례를 기억하는 개미를 찾아, 말 붙일 만한 개미를 찾으려, 이곳저곳을 돌아다닌다. 어디에서 와, 어디로 가는지, 인류의 진보를 향한 욕망, 문명의 늪, 그 끝을 개미는 알 것 같아.

모든 쇠파리는 죽는다

검은 사제는 자기 운명이 가까이 다가오기 전에 알았을 거야. 그쪽을 지나던 이오[1]가 귀띔을 해줬을 거야. 그는 고개를 들고, 연약한 목을 돌렸지. 그의 검은 투구가 팽팽해지면서, 놀라 어쩔 줄 모르고, 움찔했어. 설사 흐릿하게 감을 잡았더라도, 운명 앞에서는 누구나 그렇게 놀랐을 테지. 운명은 그저 우연히 닥치는 불행이 아니라, 가늠할 수도 없고 이해하기 어려운 여러 관계의 피할 수 없는 결과물이잖니.

파리를 유독 싫어하는 그녀, 그가 남기는 거무스름한 얼룩이 싫기도 하지만, 그 윙윙거리는 소리가 거슬려 짜증 난다는 그녀는 푸른 바람을 일으키는 아테나처럼, 팔의 행동 범위를 미세하게 잡은 후, 검은 사제를 향해 파리채를 가볍고 힘 있게 가격했어.

아테나가 자기 가까이 왔다는 사실을 인식한 순간, 검은 사제는 자기 운명을 알았을 거야. 자기로서는 가늠하기 어려운, 그녀와의 관계 속에 얽힌, 그 결과를 피할 수 없다는 사실을.

이 순간 파리채를 휘두르는 그녀도 그렇게 자기 운명을 맞겠지.

---

1 이오 : 소포클레스의 비극 『결박당한 프로메테우스』에 등장하는 소녀로, 머잖아 프로메테우스가 풀려날 것이라고 예언한다. 이 작품에서 이오는 제오스의 사랑을 받았다는 이유로 헤라로부터 죽음의 고통을 겪는다. 이오를 구하기 위해 제우스는 그녀를 암소로 변신시키지만, 능력자 헤라를 피하기는 쉽지 않았다(자료제공 - 네이버 사전)

검은 투구의 사제처럼. 자기를 내리치는 운명이 오는 순간을 인식하는 그때, 어떤 힘이 푸른 바람을 몰아, 너무나 간단하게, 한 번에, 탁. 소크라테스도 그렇게 죽었고, 카이사르를 배신한 브루투스도, 황제 나폴레옹도 마찬가지였지. 누구나 한 마리 쇠파리잖니.

신기루

촛불이 꺼지자
사위(詐僞)[1]가 사라졌다
착, 소리와 함께
주변이 다시 희미하게 드러난다
가물가물 촛불이 다시 불러온 사물들
허기진 내 정신이 안주할 수 없는

예수, 고마타 시타르타, 알라와 천사와 악마 그리고 나와 당신은
시간을 아우르는 역사 속에서
빛과 함께 생겨났다가는
어둠으로 사라진다

모든 일루전[2]처럼

1 사위(詐僞) : 양심을 속이고 거짓을 꾸밈(자료제공 - 네이버 사전).
2 일루전 : 작품을 감상할 때 의식적으로 일어나는 심적 과정의 착각.(자료제공 - 네이버 사전)

§ 시의 모티브는 『아쿠타가와 류노스케 선집』 '신기루'에서 가져왔다. 소설 속 주인공은 해안 백사장에 가면 신기루를 볼 수 있다는 소문을 듣고, 그곳을 찾아간다. 그러나 그것을 찾는 데 실패한다. 돌아오는 길에 그는 사람들이 말하는 신기루는 실제로 일어나는 현상이 아니라, 소문이 만들어낸 신화라고 결론 내린다. 즉 다른 사람들은 신기루가 있을 것이라는 믿음 때문에 그것을 볼 수 있었던 반면, 자신은 신기루를 착시 현상이라고 생각하기 때문에 그것을 볼 수 없었다는 것이다. 소설의 주인공 말대로, 신기루는 실제 있는 사물이 아니다. 대기 속에서 빛의 굴절 현상에 의하여 공중이나 땅 위에 무엇이 있는 것처럼 보이는 착시 현상이다.

그런데 시의 화자는 여기에서 한 걸음 더 나아가, 우리의 현실적 시각 역시 일루전 현상이라고 말한다. 그의 관점에서 보면 우리 시각은 빛을 매개로 사물을 지각하는데, 빛이 사라지면 대상도 사라진다. 따라서 눈으로 식별할 수 있는 사물 역시 진짜 있는 것이 아니라는 것이다. 류노스케가 '신기루'에서 진짜 말하고자 한 바는 우리가 평소 진리라고 믿는 것, 명료한 사실이라고 믿는 있는 것조차 일종의 일루전 현상일 수 있다는 사실이다. 자유나 명예처럼 최선의 선이라고 믿어 온 것 역시, 그것을 비추던 조명이 사라지면, 그 진리가 우리의 사위에서 꺼져버리지 않을까?

제2장

아담의 기분 - 이해받고 싶지 않은

기분에 사로잡힌 아담 - 정상성

아담, 아담
너는 어디에서 와서 어디로 가고 있는가

귀 기울였지만
구할 수 없었던
비가 몹시 내리던 어느 날
그의 생각을 사로잡고 있던 우울감이
그걸 알려준 거야

그 질문에는 애초에 답할 · 만 · 할 · 게
없다는 걸.

그 각성 끝에 매달린 문득에서
그는
자신이, 단지, 여기에 내던져 있었다는
애초에, 아무것도, 아닌, 투명한 자신을 만나고서
참을 수 없는 더러운 기분에 시달리기 시작했어

그렇게 들끓는 기분을 끊어내고
자기가 존재해야만 할 필연적인 의미라도 찾으려 듯

그는 로캉탱[1]이 지나갔던 길
안개 내린 그 어둔 밤길, 아무것도 보이지 않는 거기에서
여기로 온 거야

그녀는 있어야만 한다고 생각했다
아담이 여기로 와서
쫓겨난 에덴에서의 서러움을 씻고
무명의 자기를 알아낼 수 있도록
불을 밝히고 기다려야만 한다고

이브, 이브
너는 어디에서 와서 언제부터 있었는가

1 로캉탱은 사르트르의 『구토』에 등장하는 주인공으로, 어느 날 문득 자기가 무(無)라는 사실을 깨닫는다. 그렇게 그는 자신이 아무것도 아닌 존재라는 사실을 깨닫고, 삶을 통해 자기를 완결할 수 없다는 것, 또 인간은 원래 그렇다는 것을 생각한다.

§ 하이데거에 따르면 인간은 그저 목적 없이 그냥 내던져진, 피투된 존재다. 사람들이 그런 자신을 발견하게 되는 것은 '기분(정상성)'을 통해서다. 예컨대 인간은 무기력한 자기를 깨닫는 순간, 불안, 두려움 등의 감정을 갖게 된다. 그런데 사람들은 이런 감정을 통해 자기가 살아 있음을 깨닫는다.

시적 대상은 실존하는 존재로 자기를 덮친 우울감에서 벗어나고자 뭐라도 해보려 시도한다. 그는 이브의 도움으로 회피에 성공한 잠시, 아주 잠시 삶의 의미를 찾는다. 순간 우울한 기분을 잠시 내려놓는다. 이 시에서 이브는 자신에게는 필연적인 삶의 이유, 즉 아담이 있다고 생각한다. 아담 역시 자기 존재 이유를 이브에서 찾고, 존재의 근거를 확보했다는 '착각'에 빠진다. 하지만 시적 화자가 보기에 불안이나 공포 같은 기분은 인간이 처한 삶의 구조이기 때문에, 그들은 절대로 그 정상성에서 완전히 벗어날 수 없다.

자아의 원천들

가을볕이 잠들어간다
막 깨어나는 겨울의 부홍에도
아랑곳 하지 않고

이미
감정이 다 소진된
원수들처럼
그 모든 사태의 변화가
자신과는 아주 상관없다는 듯이
가을은, 푸른 세계를 벗겨내고 있다

나는
무엇이 되어왔는가
여기에

무서리에 언 나무가
잔가지들을 바라보며 묻는다
가을은 어디로 갔는가

의미의 분수(分數)[1]

호명에도
그 이름은
그 존재를 백일하에 드러내지 않는다

화들짝 놀란 꽃잎이
떨어질
뿐

있다는 표현으로서 꽃이
스스로를 온전히 내보여 주지 않는데도
호출만으로 존재의 의미를
빛 아래로 이끌었다는 생각은
참말, 분수없다

의미인 것처럼 보였으나
하나의 몸짓에 지나지 않았을 뿐
그가
여태껏 눈 여겨봐 온 그 꽃은
그 자체로 알아 왔던
존재가 아니라는 사실을 더는 숨길 수 없게 됐다

---

1 분수(分數) : 사물을 분별하는 지혜(자료제공 - 네이버 사전).

호명이
아무런 의미도 고정하지 못했다는 것을 알아챈 그는
아무에게도 아무런 의미가 될 수 없는
꽃을 본다

되려[2], 숨죽인 채
꽃이 자기에게
말을 걸기라도 할 듯

2 되려 : '도리어'의 방언(자료제공 - 네이버 사전).

§ 김춘수는 '꽃'에서 호명을 통해 은폐되어 있던 존재의 의미를 밝혀낼 수 있다고 말한다. 이 입장에서 존재는 조명한다면 밝힐 수 있는 진리의 소재다. 그러나 이 시의 화자는 호명으로 존재의 의미를 온전히 꺼낼 수 없다고 생각한다. 이름을 통해 밝혀지는 존재의 의미는 총체적 통일체가 아니고, 단지 보이는 부분에만 한정되기 때문이다. 이렇다면, 김춘수가 "누가 나의 빛깔과 향기에 알맞은 이름을 불러 다오. 나도 그에게로 가 꽃이 되고 싶다"고 했지만, 이는 순진한 발상이다. 호명할 때의 의도는 이름을 부르는 자의 눈높이일 뿐이다. 이름을 불리는 자에게도 자기 관점이 있음을 고려할 때, 이름 부르기를 통한 총체적 의미 부여는 애초에 불가능하다. 그럼에도 모든 관계의 기초가 호명에서 시작된다는 사실은 분명하다. 다만 이 시의 화자는 호명과 응답을 통해 교류되는 존재들, 그 사이에는 심연의 불연속적인 강이 흐른다는 점은 지적한다.

기억의 메타포

여름 해변의 모래는
기껏해야
발자국을
몇 초 동안밖에 간직하지 않는다

나는
여름 해변의 모래처럼
추억이 만들어낸 뭇 발자국을
기껏해야
몇 초 동안만 간직할 수 있다

생이 넘겨준 무수한 기억은
문득 나타나
깊이 찍힌 자기 왼쪽 발자국에 감탄하며
오른발을 옮겨놓는 사이
지워져 버리는
여름 해변의 발자국이다

잊혀진 모든 처음들
첫 사랑
첫 고백

첫 편지
그리고, 그 밖의 모든 징조와 징후들
여름 해변의 발자국처럼
쉬 지워질 상징들

어느 날 문득
무(無)로부터 나타나
잠시, 내 기억 속에서 빛을 발한 후
무로 돌아가 버린
나의 전부인 당신들

내 기억은
여름 해변의 모래
기껏해야 발자국을
몇 초 동안밖에 간직하지 않는다

§ 시의 첫 연은 파트릭 모디아노의 소설 『어두운 상점들의 거리』에 나오는 문장을 변형했으며, 시의 전체 모티브 역시 이 책에서 왔다. 소설은 기억 상실증에 걸린 주인공이 자기를 찾아가는 과정을 다룬다. 주인공은 새롭게 알게 된 주변 사람들의 도움을 받아, 자신이었을 것 같은 여러 사람을 찾아낸다. 한 인물씩 탐색해 나갈 때마다 그는 기억의 변형과 왜곡이 어떤 식으로까지 나아갈 수 있는지 깨닫는다. 이 과정을 통해 그는 인간의 기억이 여름 해변가 모래에 찍힌 발자국 정도의 신뢰성밖에 갖지 못한다고 생각하게 된다.

이 시가 주목한 점은 존재의 우연성과 일시성이다. 주체의 자아는 기억을 통해 자기 연속성을 확보하지만, 기억은 해변의 모래와 같다. 하나의 경험을 추억으로 잠시 품었다가, 또 다른 경험에 의해 대체되고 만다. 우리는 생(生) 대부분을 자기 기억에 의지해 추억 속에서 살아가지만, 어쩌면, 그 추억이란 것은 우리 자신과는 무관한 이미지일지도 모른다.

경편(輕便)[1]한 나날들의 구토[2]

안니를 처음 만나던 날
로강탱은
연락처에
점 하나를 찍어 넣었다

그녀는
위치만 있는 조형의 기본 단위
문장을 마감하는 부호로서
기억될 여분의 존재였다

점 하나의 사랑
점 하나의 그리움
점 하나의 이별

그 점에서 로강탱은
면을 만나면 사라질 고독한 실루엣
실존의 편린(片鱗)

---

1 가볍고 편하거나 손쉽고 편리함(자료제공 - 네이버 사전).

2 구토는 장폴 사르트르가 자신의 실존주의 철학을 문학으로 풀어낸 작품이다. 그는 이 소설을 통해 "존재는 본질에 앞선다"는 실존주의의 기본 명제를 강조한다. 작품 속에서 로캉탱이 느낀 구토는 인간 존재의 부조리성과 불안, 그리고 기존 가치관의 붕괴를 상징한다. 이는 인간이 스스로 존재의 의미를 부여하고 자유롭게 삶을 선택해야 함을 주장한다(자료제공 - 네이버 사전).

한 줄로 늘어선 선율의 역사로서
간신히
존재하는 연인을 만난 것이다

게다가
그녀와의 사랑은
점 하나의 순간
점 하나의 세계
점 하나의 영원으로
몸을 뒤트는 조약돌의 권태로움처럼
무의미했다

위치만 있는 조형의 기본 단위로서
무엇이 되어도 그만인
그 한점이었던
로캉탱은
없어도 있어도 그만인 한 점이었다는
자신이 그런 존재라는
애착할 것이 전혀 없다는
그런 사실에
속이 뒤집히는 심한 토악질을 느끼며

조약돌처럼
몸이 뒤틀렸다

---

§『구토』는 사르트르의 실존주의 사상이 잘 드러난 작품이다. 이 책 속의 주인공 로캉탱은 소일 삼아 매일 도서관에서 한 역사적 인물의 일대기를 쓴다. 그에게는 옛 연인 안니가 있다. 두 사람은 오랜만에 만나기로 약속한다. 약속 장소에 도착한 순간, 안니는 재회의 장면을 연극처럼 연출하기를 원한다. 그녀는 오랫동안 이 장면을 상상해왔는데, 그것을 현실에서 재현하려는 것이다. 그 모습을 본 로캉탱은 안니의 삶 자체가 연극같은 연출의 연속이었다고 생각한다. 연속이란 하나의 작은 점들이 끝없이 나열된 순간의 나선형이다. 이렇다면 그가 사랑했던 '안니'는 완결된 한 존재가 아니라, 수많은 연출이 만들어낸 단편의 총체적 집합이다. 이를 깨닫는 순간 로캉탱은 눈앞에 있는 존재의 일회성에 대해 깊이 회의한다. 그에게 안니는 너무나 경편(輕便)한 존재이기 때문이다. 아니 그에게 모든 것은 경편하다.

지금 이 시를 읽고 있는 우리 역시, 경편에 그치는 수많은 점으로 된, 그 나날들을 찍고 있는 것은 아닐까?

블랙홀

우주 만물의 생성등식에만
관심 있는, 어떤,
물리학자가 있었다

그에게는
사느냐 죽느냐가 아니라
있느냐 없느냐가
문제였다

문제에 깊이깊이 빠져들어 갈 즈음
손바닥에 무언가 닿았는데
그때, 그는, 바람이 불 때
빨랫줄에서 울리는 것 같은
어쩌면 전선이 내는 소리인가 싶은
그런, 단음조로 된 노래를 들었다

그는 차츰
그 노래가 만물생성등식이
검은 회오리를 일으키며
우주의 생성과 기원을 밝혀내는 소리라는 것을
알아들었다

그는 그 소리가
사랑이 무엇인지를 찾아 평생 매달린
셰익스피어의 비탄이며
제인 오스틴의 경탄이며
백석의 깊은 고뇌에서 흘러나온 블랙홀이라는 사실을
알았다

블랙홀이
팽창의 임계점에 다다른 별의 폭발 순간
주변의 모든 별을 빨아들여, 시간의 흐름을 멈춰 공간을 무화시키듯
사랑은
젊음을 절정에 이르게 하여
주변의 모든 조명(照明)을 흡수함으로써
시선을 흐름을 멈추고, 다른 언어의 왕래를 차단하여
있느냐 없느냐의 문제를 무화시킨다

§ 스티븐 홉킨스 박사의 일대기를 다룬 영화 '사랑에 대한 모든 것'을 보고 있다. 그가 정립한 우주 물리학은 만물생성 근원을 알아내는 토대로써 우주의 탄생과 소멸에 대한 연구다. 그의 관심을 좇다 보면 우주 생성 원리가 인간이 나누는 사랑의 형식과 매우 유사하다는 생각을 하게 된다. 사랑은 인간 정서에 큰 영향을 미치는 요소 중 하나로, 인류의 역사는 물론이고 개인의 탄생과 소멸을 결정한다.

화자가 생각하기에 우주 생성등식에 큰 영향을 미치는 블랙홀은 인간 입장에서 보면 사랑이다. 진심으로 깊이 빠져든 순간, 사랑은 존재의 세상에 대한 모든 관심을 흡수해버리지 않는가! 진심으로 사랑하기가 쉽지만은 않지만, 말이다.

열정의 변화

처음에는 작았어
왼손에 쏙 들어올 만큼
그러다 가슴으로 안아야 할 만큼 커졌지
시간이 지날수록 점점 더 자라나서
몸과 정신을 장악했지
그게 끝이 아니었어
집과 일터와 그간 맺어온 모든 관계까지
그 지배 아래 들어가게 됐어
그즈음, 원래의 나는 없었어
한낱 그림자였지
그래도 기꺼웠어, 그것에 속한 이상
그것에 메인 것은
생의 축복이었으니까

그런데 어느 날부터인가
그것으로 이루어진 세계에 조금씩 균열이 갔지
그 갈라진 틈으로
차츰차츰 내가 보이더라
일과 사람들, 사회적 관계에서 그것이 조금씩 벗겨지더라구
그것의 지배하에서 그림자처럼 두루뭉술했던 내게
분명한 의식 같은 것이 생기더라구

판단과 선택을 가르는 내 목소리가 돌아오고
심장이 제 속도를 찾아갔지
그렇게 커 보이던 그것이
자루에 뭉쳐 담아도 될 만큼
통제 가능한 정서가 됐어
한 장의 서류로 말끔하게 정리될 정도였지

그때 알았어
결국, 그것은 내 왼손으로 움켜쥘 만한 크기로 들어왔다가는
끝내, 안개처럼 흩어져 버릴
무(無)라는 것이라는 걸
또, 그게 사라지더라도
그것이 내 세계를 차지했던 만큼,
꼭, 그 정도의 흔적을 남길 것이라고
그 흔적은 짐이 되어
한동안 심장을 쥐어짤 채무로 남을 거란
걸

맞아,
연정(戀情)이란
불현듯 가슴 속으로 들어와

번개처럼 격하게 나를 지배하다가
천둥처럼 요란한 증오만 남기고
내 운명 밖으로 쑤우욱 빠져나가고
말,
그런 것이었어

지레짐작 - 편견

멀리서
왜 저이는 나를 기다리고 있을까
어두컴컴한 길 한가운데 선
저 사람은
누구에게 무엇을 바랄까

심장이
귓가로 바싹 다가와 쿵쾅거린다
그 소리에 휘둘려
그 사람이 누군가 부르는 소리가 들리지 않는다
쭈뼛쭈뼛 하늘로 솟은 머리카락
오싹한 등골마저 숨죽인다
길은 외길
나는 점점 그 곁으로 걸어간다
가까이 갔을 때
그는
나무가 되었다
아니, 실은
처음부터, 나무였다

저 멀리서

나를 지켜보던 그이는
내 마음에서 이끌린 두려움의
외피였다

인류의 손자국 - 아담의 기분 1

실패한다
매일 실패한다
모두 다 실패한다

천년의 시간이 한꺼번에
지나가면
실패, 그 밖에 또 무엇이 남을까

나는 사라질 것이다

실패한 당신의 손자국이
실패한 우리 영혼의 울림이
실패하고 만 인류 삶의 흔적에
실패한 문명 조각 하나 남을 것이다

그렇지만, 사랑니 하나 남겨두고 싶다

고독의 기원 - 아담의 기분 2

명치 끝 십 센티 지점에
큰 바위 하나 있다

어렴풋한 기억
스무 살 되던 해 가을
태풍이 몰고 온 비바람으로
안나푸르나에서 쓸려온 조약돌 하나
명치 끝에 박혀
절정의 순간 내리치는
쾌락의 파도에도 끄떡없는 무게로
내 고독을 지탱해왔다

별것 아닌, 첫 사랑이
대뇌피질 어느 지점 드리운
짙은 바위 그림자 되었다

어렴풋한 기억으로
다섯 살 여름
멍석에서 잠들었던 그 밤
마당으로 날아든 붉은 능금같던 해성 조각이
머리에 박혀

이상도 백석도 괴테도 다 밀어내며
균열 없이
내 고독을 지탱해왔다

별것 아닌, 이유 하나가
내 유년의 고독에 끼어들어
평생 오도 가도 못 할
죽음의 늪이 되었다

완전한 해결(解決) - 아담의 기분 3

이제 앞으로 더 나아갈 때가
없으니
돌아가야 한다
어쩌면
여기까지 온 것은 돌아가기 위해서다
완전한, 구(球)를 완성하기 위해서다

네가 죽을 그날도
어떤 사람들은 소풍을 가고
야구경기 응원을 가고
창문을 열어 가을이 오는 것을 볼 것이고
별생각 없이 내 주검 곁을 지나가고
사라져 갈 것에 대한 염려로
주눅 듦 없이
일상은, 완전한 구(球)를 그리려 돌고 돌것이다

다만
너만이 하염없이 서 있을 것이다
선명한 슬픔이
어깨를 누를 때
순교자처럼

죽음을 명상할 것이다
무엇이 하나의 구(球)를 완성하는가

나는
마침내, 죽었다.
모두가 그러하듯
마침내, 하나의 완전한 구(球)를 이룰 것이다

---

§ 첫 연은 클레어 키건의 『맡겨진 소녀』에서 옮겨와 맥락에 맞게 변형했다. 소설 속 주인공 어린 소녀는 가난 때문에 친척 집에 맡겨진다. 그곳에서 그녀는 삶이 죽음의 길을 향한 여정이라는 사실을 엿본다.

시는 소녀가 목격한 죽음의 순간과 살아 있는 동안 풀어야 할 일상의 문제에 주목했다. 시 속의 화자는 죽었다. 화자가 맞은 세계의 종말과는 무관하게 그 밖의 다른 존재의 일상은 멈추지 않고 돌아간다. 그래서 화자는 세계의 멈춤은 죽음을 맞이한 그 개인의 주관적 문제라는 것이다. 또 죽은 존재로서 그는 더는 일상을 돌지 않아도 됨에 안도한다. 그가 생각하기에 삶이 존재에게 부여한 생의 문제는 죽음에 이르러야만 완전하게 해결된다. 그렇게 죽음이 끝없이 떠오르는 태양을 돌리고 또 돌리며 그리던 숙명의 구(球)를 완성한다. 화자는 이것을 인간의 운명이라고 말한다.

질투 - 아담의 기분 4

내 복장, 농사꾼 같지
아이쿠!
사냥꾼 같아요, 뱀잡이 사냥꾼

이브에게 수작을 건 이물(異物)잡이 사냥꾼 아담은
틈만 나면 뱀을 잡겠다고 벼른다
실제로 나를 만나면 줄행랑을 놓을 거면서
암튼,
사과밭까지는 아직도 한참 가야한다

화가 난다
이브에게 단지, 사과 한번 먹어보라고
그러면,
사과를 금지한 존재의 심보를 알 수 있다고
그녀가 지혜를 얻도록 도와준 게 뭐가 나쁘단 말인가
인류를 무지한 암흑 속에 두지 않겠다고 결심한 나나
아테네인들의 등에[1] 역할을 자청한 소크라테스나
뭐가 다르단 말인가

1 등에: 등에(말파리, 쇠파리)는 말이나 소에 달라붙어 피를 빨아먹고 사는 벌레이다. 그런데, 소크라테스는 자신을 아테네인을 위한 등에라고 한다. 그는 아테네인들이 안락한 습속에 젖어 정신이 잠들때, 등에처럼 그들을 물어 뜯어 잠 깨우는 역할을 자처했기 때문이다. 그가 아테네인을 물어뜯는 방식은 대화였다.

맹세컨데
나는 이브를 유혹하는 수작 따위는 벌이지 않았다
인간 여자는 내 스타일이 아니다
그런데, 뱀 잡는 사냥꾼이라니
왜 나를 두고 시비인지 모르겠다

그렇지, 사과가 항상 문제이기는 하다
파리스의 사과는 트로이전쟁을
뉴턴의 사과는 만류 인력을
애플의 사과는 아이티 혁명을
우리 밭 사과는 뱀잡이 사냥꾼의 질투심을
사과란 사과는 죄다, 혼란의 원천이니 말이다

비가 온다
뱀잡이 사냥꾼의 의욕이
일단은, 꺾이고 있다
그가, 결국, 집으로 되돌아 가고 있다

청명일[1]에 찾아 온 뱀 한 마리

지척에서 울리는 기침 소리에
폐혈관을 찢을 듯 날카로워진 심장이
소름을 밀어낸다

몸이 오그라지도록 강하게 머리를 거머쥔
푸른 공포가
소름 돋은 표피를 쥐어짜자
방울지는 검은 슬픔이
무력한 생 사이로
식은땀처럼 흐른다

나는
짙은 두려움의 안개에
갇혔다

별이 밝다. 홀로 걷던 내게 들이닥친 어둠, 그것과 상관없이 그날은 청명이었다. 영, 청명하지 않은 청명을 나는 쉬 정의 내릴 수 없었다. 어쩌면, 영원히, 나는 청명한 하늘을 맞을 수 없는 불운인지도 모른다. 나약함은 나의 선택이나 행위의 결과가 아

1 청명 : 음력 3월에 드는 24절기의 다섯 번째 절기. 청명(淸明)이란 하늘이 차츰 맑아진다는 뜻을 지닌 말이다(자료제공 - 네이버 사전).

니니, 이 불운을 나로서는 어쩔 도리가 없다. 끝끝내 청명조차 챙길 수 없는 존재로 살다가, 나는, 죽을 테지만, 억울하다는 말로는, 다 못한다. 나와 같은 몸을 지닌 모든 존재는 공포를 표피 깊은 곳까지 겹겹이 쟁여가며 살 것이다. 신화 속 이브가 그랬던 것처럼. 무슨 일이 생기면, 도대체 그 시간에 그곳에는 왜 갔느냐고 묻는다. 무슨 일이 생기면, 왜. 더. 조심하지 않았느냐고 추궁한다. 잘못은 언제나 내게 있단다. 내가 있는 곳은 어디나 신당역[2]이다. 강남역[3]이다. 뱀 한 마리가 빳빳하게 고개를 들고 나를 본다

무섭다
더 무섭다

2 신당역 : 여자화장실에서 살인사건이 일어남(스토킹에서 발발함).
3 강남역 : 역 인근에서 여성 살해사건이 일어나자, 강남역에 추모 빈소가 차려짐(여성 혐오증에서 기인함).

이브 - 아담의 운명 3

그늘진 네 눈자위에서
오소리 땅굴 파던 소리가
밤마다, 푸른 밤마다 서걱서걱
불면의 소리를 냈겠지

눈자위 너머로 스멀스멀 멀어졌던
어둠의 벽에서 샛노란 햇살이 떠오르면
한결 나아졌다는 징조를 가장하며
약간의 지랄을 떨다 말던 너를 생각한다

나는, 나는 그런 너를 보면
생의 모순에 발목 잡힌 죄르지 쾨배시[1]처럼
뭇 순간을 향해
오랫동안 온갖 방자[2]의 말을
품어 온 나를
생각한다

너는 불면의 철봉에 매달린 것 같은
생지옥에서도

---

1 임레 케르테스의 작품『운명』속 주인공 이름이다.
2 방자 : 남에게 해를 미치거나 재앙을 받도록 귀신에게 빌어 저주하거나 그런 방술(方術)을 쓰는 일(자료제공 - 네이버 사전)

지루할 수 있을 거라는 생각이
들었다

너는 눈을 감는다
잠시, 아주 잠시 행복해 보인다
나는 설핏 쏟아지는 네 잠에서
그늘진 눈자위를 밀치며
오소리가 제 꼬리를 물고 달아나는 것을 본다

매운 눈물이 난다
더는 내 방자가
너에게 먹히질 않는다
제기랄

§ 죄르지 쾨배시는 임레 케르테스의 『운명』에 등장하는 소년이다. 주인공 죄르지 쾨배시는 14세에 (히틀러의 대학살을 뚫고)아우슈비츠 수용소에서 생존한다. 훗날 그의 경험에 대한 주위 사람들의 위로는 한결같이 생과 사를 가르는 '불지옥'같은 시간을 잘 버텨줘서 장하다는 것이다. 그런데 죄르지는 그들의 추정에 의한 대리 경험에 공감하지 않는다. 대신 수용소 경험을 자기 스스로 감당해야만 할 인생의 과정 중 하나로 본다. 그는 "아우슈비츠에서도 지루함은 있었다"라며, "광선처럼 지나가는 행복을 느꼈다"라고 답한다. 현실에서도 행복은 그런 것 아니겠냐는 반응을 보인다. '운명'이라는 것이 있다면, 그곳에서 자신이 맞닥뜨린 그 순간일 것이라고 생각한다.

시의 화자는 자주 불면을 겪으며 일상이 촛불처럼 흔들리는 것을 느낀다. 밤의 숙면이 사라진 그의 낮은 지옥이나 다름 없다. 생존 업무 수행에서 일체의 보람을 가질 수 없으므로, 그에게 삶은 거의 죽음과 같은 고역이다. 그럼에도 그는 때때로, 지루함을 느낀다. 화자는 그 지루함이 바로 행복이 아닐까 한다. 그런 자기를 바라보는 화자는 자신을 죄르지와 닮았다고 생각한다. 일상이 운명이다. 성격이 그 사람이니까 말이다.

이브 - 아담의 운명 4

옆집에서 삼겹살 굽는 냄새가 나면
외로웠다
된장찌개나 김치찌개가 위를
자극할 때보다
삼겹살은, 더,
고독의 그늘을 짙게 드리운다

그리고 당신

옆집에서 삼겹살 굽는 냄새가
나네요
우리도 오늘 저녁에는
삼겹살 구워 먹어요
된장찌개나 김치찌개를 곁들이면
더 즐거울 것 같다

어제
삼겹살 굽는 냄새가 불러온 외로움은
동반되는 후각 속 기억들을
모조리 호출하여
지상에서 생각해 낼 수 있는

고독이란 고독은
전부 들쑤셨다

그리고 당신

오늘은 괜찮다
내게도 식도락 파트너가 있으니
후각이 자극하는 모든 기억과
내 속으로 나를 가두던 고독을
상추쌈에 사서
한입 가득

그리고 나의 아담

요양원에서의 회상 - 회환(回還)

한숨 깊고
눈물 많아
자주 생각에 잠기는 아주 낭만적인
도깨비 한 마리 있었다

한 시간에 나무 백 그루를 잘라
하룻밤에 집 한 채를 짓고
반나절 만에 우물 하나를 파서
한나절 만에 땅 백 마지기에 물을 다 대는
아주 부지런한
도깨비였다

그때는 아주 캄캄해
어둠이 수백 가닥으로 나뉘어 있어서
잠든 이는
저마다 다른 밤을 보냈고
새벽이
참 더디게도 와
도깨비불이 그렇게 설쳐대도
아무도, 몰랐다

전기와 전신(電信)이
하늘과 땅의 어둠을 모두 긁어내 버린
요즘은
밤낮없이 밝은 빛과
굉음으로
그가 들락날락하던 시간의 틈을
모두 봉인해버렸다

연장선(延長線)[1]을 잃어버린 푸른 눈의
도깨비
기다리는 사람이 없어서
기억하는 사람이 없어서
소곤거리는 목소리들 틈에서
더는
살 수 없게 됐다

1 연장선(延長線) : 어떤 일이나 현상, 물체의 존재함이나 행위 따위가 계속하여 이어지는 것(자료제공 – 네이버 사전).

---

§ 시의 모티브는 켄리우의 『종이 동물원』 '즐거운 사냥'에서 왔다. 소설 속 주인공은 요괴를 잡는 아버지의 아들이다. 그의 아버지는 사람들을 괴롭히는 구미호나 도깨비 혹은 강시같은 요괴를 잡는 사냥꾼이었지만, 중국에 철로가 놓이면서 모든 상황이 바뀐다. 요괴는 신화가 터를 내린 신성한 땅에서만 산다. 그런데 철로가 중국대륙의 허리를 끊어놓음으로써, 땅이 오염되었고, 오랫동안 자리해온 신화는 무너졌다. 당연히 그것에 터를 둔 요괴도 전멸할 수밖에 없었다.

시적 화자는 늙은 아버지를 바라보는 아들이다. 그는 젊은 시절의 아버지를 도깨비처럼 대단한 능력을 지닌 존재로 기억한다. 집짓기와 우물 파기는 물론이고, 모든 농사일도 혼자 힘으로 해냈기 때문이다. 그랬던 아버지가 점차 문명의 상징인 온갖 기기에 둘러싸이면서, 힘을 빼앗기고 말았다고 한다. 그래서 그는 중국 대륙에 놓인 철로가 요괴를 멸종시켰듯, 전기며, 자동차 등의 기술력이 아버지의 탁월성을 쇠퇴시켰다고 생각한다. 그렇다. 우리 아버지들의 근력. 문명 초기 우리 인류는 자기 근력으로만 살던 시기가 있었고, 그것은 이제 일종의 신화가 됐다.

욕망의 미로(迷路)

뜰로 난 창
고양이 두 마리가
공존의 동시성에 놀란 눈으로 서로를 향해
가르릉 댄다

내부를 기웃거리는 자
는
외부에 있는 자
외부를 선망하는 자
는
내부에 있는 자

밖과 안을 가르는 창과
마주한
교차된 열망

어긋난 바람을 향한 의식
주체할 수 없는 무엇
밖으로 튀어 오르는
힘

예수께서 말씀하셨다
너는
네게 금지된 모든 것을
더
소망하리라

---

§ 시에 등장하는 두 고양이. 집고양이는 들고양이를 부러워하지만, 집 밖에 있는 고양이 역시 같은 입장이다. 이는 외부를 갈망하는 인간의 욕구를 은유적으로 보여준다. 우리는 지금의 것이 아니라, 과거의 것 혹은 미래에 대한 것에 늘 마음이 가 있다. 인간의 욕망이 복잡하고 다층적이기 때문이다. 그러니 감정, 행동 등에서 나타나는 상반된 요소들이 충돌하거나 공존하는 것은 다반사다. 일관성 없는 행동을 하기도 하고, 용납하기 어려운 상반된 감정을 동시에 가질 수도 있다. 이 때문에 종종 인지 부조화로 신경증을 앓기도 한다.

시적 화자는 자기 내면에서 소용돌이치는 욕망을 인식한다. 그는 금지되거나 충족될 수 없는 자기 욕구에서 부조리함을 느낀다. 그는 언제나 내부에 있는 자이면서 동시에 외부에 있는 자다. 결코, 빠져나올 수 없는 욕망의 미로에 갇힌 것이다.

혈의 누(血의 淚)[1]

피로 쓰는 자서전
삶의 약력이 조곤조곤 기록될
서사시를 펼치는 사업
붉은 잉크가 밝혀낼 진실, 그 부정을
부정하려는 것은 아니지만,
그것은, 이미, 내가 쓰는, 내 자서전이 아니라는 사실,
그것이, 다만, 유감이다.

통계가 제멋대로 갈겨놓을
숫자와 표준을 넘나드는 수치들, 내가 존재하기 전에
이미 있었던
나를
내가 있게 된 후에 알아 온
나를
보여주기야 하겠지만
그 증거가 내 생각을 거친 것은 아니니
…고려(苦慮) …
내가 그려낸 내 삶이 아니라는 사실, 붉은 잉크가 써 내려간
그 짙은 문장들은
유쾌하지 않을 것이니

1 혈의 누(血의 淚) : 슬픔의 눈물을 의미함(자료제공 - 네이버 사전)

내 자서전이 아니라는 점에
심히, 마음 놓인다

그런데도, 그 사람은 붉은 잉크로 기록된 내 몸을 한 손에 들고서, 눈을 부라릴 것이다. 마치 그것이, 완전히, 내가 직접 쓴 내 자서전인 양, 나를 힐난하고, 나무랄 것이다. 특정 어휘를 꼬집어 비틀면서 나를 꾸짖을 것이다. 아, 그 순간 나는 진찰실을 나서기만 하면, 괜찮은 내가 될 것이라고, 그렇게 다짐하겠지. 채혈 검사 전날 밤, 참으로, 아득한 생각에, 슬픈 눈물이 흐른다.

§ 시의 모티브는 위화의 『허삼관 매혈기』에서 왔다. 허삼관은 가족이 위기에 처할 때마다 피를 팔아 그 상황을 해결했다. 그에게 피는 자기 생명인 동시에. 삶의 이력서이면서 존재 증명서이다.

시적 화자는 채혈 검사를 앞두고, 뜬눈으로 이런저런 생각에 젖어 밤을 보낸다. 그는 괜한 슬픔에 잠겨 눈물(혈의 누)을 흘린다. 화자는 피가 붉은 자서전이라는 위화의 관점에 동의한다. 그러나 시적화자가 생각하기에 혈액에는 자기가 있기는 하지만, 그것은 자기 선택과 결정 이전부터 존재해 왔던 조건이라는 것이다. 이렇다면 엄밀한 의미에서 피는 자기 자서전일 수 없다. 그럼에도 불구하고, 이 고려는 자기 존재의 근원에 대한 해명을 따져 묻는 진중한 문제다.

제3장

이브의 기쁨 - 이해할 수 없는

가로 - 거기와 여기

생각한다
한 치 앞이라든가
통제 불가능한 눈앞이라든가
손 떠난 미련이라든가
수많은 그런가로 불안하다
나는 다만,
아무것도 모르는 것이다

졸고 있다
한 치 앞에는 관심도 없이
내일(來日) 따위로 속을 끓이지도 않고
지금이 좋은 듯하다
고양이는 다만,
나른해 보인다

나의 불안은 거기에 있지만
저이의 불안은 여기에 있다
여기저기 널려있는 다양한 그런가로 나는 불안하다

§ 시어 '한 치 앞'은 '바로 앞' 곧 닥칠 앞일을 비유적으로 이르는 말이다. 또 '눈앞'은 '지금 당장'을 의미하며, '손을 떠나다'는 어떤 일이 통제의 관할 범위를 벗어났다는 것을 말한다. 이 표현들은 모두 시공간에 대한 인간의 인식과 연관된 관념어다. 일상에서 이 용어를 자주 사용한다. 시간이 인간 존재의 토대기 때문이다. 그런데도 우리는 인식의 한계 때문에, 시간을 객관적으로 알 수 없다. 결국, 실존의 토대를 제대로 모르기 때문에, 인간은 불안에 휩싸인다. 삶의 증거가 불안인 셈이다. 요컨대, 우리의 사고는 서사적이다. 과거를 바탕으로 현재를 보고, 현재를 기준으로 미래를 생각한다. 하지만 미래는 아직 오직 않은 사태들에 대한 예상으로, 막상 무엇이 올지 모른다. 또 현재는 통제할 수 없는 당장의 사태들로 혼란스럽고, 과거는 해결할 수 없었던 사정에 대한 미련으로 늘 불안하다.

시적 화자의 고통이 여기에 있다. '이런지' '저런지' '그런가' 때문에 항상 불안하다. 즉 인간의 불안은 거기에 있는 무엇 때문이다. 하지만 고양이의 불안은 매우 즉흥적이다. 그저 지금 눈앞에 있는 무엇 때문에 불안을 느낄 것이다. 따라서 인간에게 가장 큰 불안의 소산인 미래는 고양이에게 아무것도 아닐 것이다. 그래서 시적 화자는 고양이가 부럽다.

낭만, 그 후의 일상

그녀가
떠났다 성긴 몸만 남기고

하오의 빛이
어둠 어린 그이의 등에
잠시, 내려앉더니
하늘로 날아 올랐다

어둠은 걸음을 멈추고서
빛이 사라진 그 자리에 서서
공포에 떠는
나를 감싸 안았다

사랑도 사람의 일이라
만날 때
헤어질 것을 염려하지 않은 것은 아니지만
이별은 나를 어둠에 기대게 했다

내가 피워낸 사랑은
황금 꽃이었지만
그건, 이제,

남의 일이 되었다

차라리
아무 말 없이 떠났으면 좋았을
그녀가, 아주, 떠난 채로
내 옆에 남았다

---

§ 4연 1~4행은 한용운 님의 '님의 침묵'에서 빌려왔다. 알랭 드 보통의 소설 『낭만적 연애와 그 후의 일상』에서 주인공 남녀는 연애를 거쳐 결혼에 이른다. 그들에 따르면 연애는 일종의 환상이며, 결혼은 삶의 현장이다. 시간이 지나면서, 서로를 사랑했던 이유조차 잊고, 육아와 경제 문제 등의 세속적 갈등에 얽매인다. 심지어 그들은 같은 공간에 있으면서, 각자 다른 곳에 존재한다. 두 사람 다, 지금 함께 있지만, 더는 같이 있지 않다는 것을 안다. 서로 이별한 채로, 함께 머문다. 그들은 사회적 책무를 다하기 위해, 자신들이 처한 결별의 상태를 부정한다. 이는 일반적 부부 사이에 흔한 풍경이다. 당신은 어떤가? 낭만을 이어가는 결혼 생활을 하고 있는가? 아니면 애초에 낭만적 결혼 생활이란 상태가 불가능할까?

연심이의 변심은 정당화될 수 있는가

그녀 자신도 깜짝 놀랐다고
자기로서도 어쩔 수 없는 일이었다고
말했다

누긋누긋한 사랑이
자신의 인식과 모든 경험을
압도하는 걸
느꼈다고도 했다

그에 대한 감정이
자기의 전 실존 상태를
통째로 장악했다는걸
인정할 수밖에 없었다고 했다

도무지, 사랑하지 않고는 배겨낼 수 없다는
마당에
그런 아내에게
무슨 이유를 들먹일까

향수병에서 풍겨 나오는
각양각색의 체취에 취해

나는 그만,
그럭하라고 했다

---

§ 연심이는 이상의 『날개』에 등장하는 작중인물이다. 시에서 두 사람은 부부 관계다. 그런데 시적 화자의 아내 연심이가 다른 사람을 사랑하게 됐다고 고백한다. 그런데 스스로 놀랄 만큼 상대를 깊이 사랑한다는 것이다. 이러니 화자는 자기로서는 연심이의 마음을 좌지우지할만한 힘이 없다고 생각한다. 어떤가? 당신의 연인에게 사랑하는 사람이 생겼다면? 그것도 그 자신도 어찌할 수 없는 힘에 의해 그렇게 됐다고 한다면? 이상의 소설집에는 이 시와 유사한, 자기 의지로 통제 불가능한 여러 관계 양상이 설정되어 있다.

사랑이 지나가는 속도
- 나비가 꽃잎에 머무는 시간

아주, 잠시
사랑을 안았다

사랑은
노을 든 호수에
잔물결이 빛으로 일렁일 때처럼
아주 잠시, 속이 울렁이는
순간이었다

그뿐, 신은
부자가 가난한 아이에게
값진 선물을
안겨준 후
곧장 되가져 가는 것처럼
내게
아주 잠시, 사랑을 안겨줬다가
곧바로 거두어들였다

그것도
깃털처럼 사뿐히 내려놓았던 사랑을
황소의 뿔처럼 거칠게

되찾아 갔다

사랑은
언제나 그렇게 스쳐 간다

---

§ 이 시의 3연은 생텍쥐페리의 『야간비행』에 나오는 문장에서 차용했다. 야간비행을 나선 젊은 비행사가 죽었다. 새신부 입장에서 보면 결혼한 지 3주 만에 남편이 사라진 것이다. 이 사실을 통보해야 하는 관리자는 신부의 처지를 생각하다가 '사랑은 원래 잠시 머무르는 광명'이라고 중얼거린다. 그렇다. 어쩌면 사랑의 속성은 그런 것일지도 모른다.

할 말이 없는 – 비탄(悲歎)

처음엔 진짜 쪼그마했거든
하늘에
아주 작은 구멍이 난 것처럼 보였어
그러다 바람의 흐름을 탄
검은 홀은
점차 부풀어 올라
하늘을 뒤덮은
시커먼 먹구름이 됐어

그리곤 소낙비가
큰물이 지도록 쏟아졌어

처음에는 진짜 별일이 아니었어
가슴에
작은 구멍이 난 것처럼 생각됐지
그러다가 외로움을 탄 구멍이
점차 부풀어 올라
심장을 시커먼 고독으로 뒤덮었어

그리고서 나는
아무런 할 말이 없었다

§ 하인리히 뵐의 작품 『아무 말도 하지 않았다』를 읽고 있다. 읽고 있는 부분은 남자 주인공이 집을 나와 여러 곳을 전전하고 다니는 상황이다. 그는 헤어날 수 없는 가난과 가족에 대한 걱정으로 나날을 비탄에 잠겨 보낸다. 무덤을 산책하며 죽음과 생의 거리를 측정하고, 폭탄 맞은 폐허를 보며 깊은 한숨을 토한다. 시는 주인공의 내면에 어두운 고독이 자리 잡아가는 과정들을 묘사했다.

부조리[1]

쓸데없이
자기 삶을 그렇게 소모적으로
복잡하게 만들지 않았다면
너는
권태로 죽었을 것이다

너는
너 자신보다도
나를 사랑하는 너보다도
너를 사랑하는 나보다도
나 자신보다도
전봇대를 칭칭 감은 하늘색 메꽃에
마음을 더 빼앗겼구나

1 부조리 : (철학 -)인생에서 그 의의를 발견할 가망이 없음을 이르는 말. 인간과 세계, 인생의 의의와 현대 생활과의 불합리한 관계를 나타내는 실존주의적 용어로, 특히 프랑스의 작가 카뮈의 부조리 철학으로 널리 알려졌다(자료제공 - 네이버 사전).

§ 코엘료의 『베로니카 죽기로 결심하다』를 읽고 있다. 소설 주인공 베로니카는 안정된 삶에서 무의미를 느끼고, 권태에 빠져 의욕할 만한 것을 찾지 못한다. 그럼에도 새로운 시도를 통해 생길 삶의 혼란도 싫다. 결국, 그녀는 이 부조리로부터 벗어나기 위해 죽기로 결심한다. 코엘료에 따르면 부조리는 뜻하지 않는 곳에서 발생하는 것이 아니라, 지극한 일상의 느낌이다. 권태는 부조리의 징후인데, 자기를 문제 삼는 모든 존재의 중대한 과제 중 하나다.

시적 화자는 너가 집착하듯 관심을 쏟고 있는 매꽃이 그의 삶의 의미라고 말한다. 이것 때문에 그가 권태로부터 벗어날 수 있다는 것이다. 어떤 의미에서 보면 매꽃은 매우 하잖은 대상이다. 그런데 이것 때문에 삶의 의미가 생긴다. 이렇게 '뭐라도 있어야' 살 수 있지 않을까? 베로니카가 찾고 있는 것도 매꽃일 것이다.

은둔자의 해방일지

뭘 마셔야 할지 몰라
뭘 선택해야 하는 그 순간이
싫어서
나는 오늘도
집에서 콩을 간다

단품,
눈을 부릅뜨고 뭔가를 살피는 척해야 하는 게 싫어서
아무리 봐도 이해 못 할 메뉴의 다국적 이름들이 싫어서
그저 있기만 하면 되는 상태
혼재된 가치 중 무엇을 따를지 생각할 필요 없이
존재 자체로 숨쉬기 가능한 상태
그런 순간을 방해하는
모든 사태로부터의 해방을 위해
나는 오늘도
집에서 커피콩을 간다

뭇 가능성을 차단하는 소리
오도독오도독
드르륵드르륵

공백 - 존재의 틈

사라졌다
그 많았던 순간 들
마음을 열어두게 하던 틈 들
집 뒤뜰로 오가던 한가로움 들
나른한 졸음 들
뉘엿뉘엿 지는 해를 따라 걷던 바람 들
네가 그리워질 겨를
이

어디론가
탈락해 버린
시간

---

§ 미하엘 엔데는 『모모』에서 인간의 삶에서 가장 소중한 시간의 신비한 비밀에 대해 썼다. 그에 따르면 "시간은 삶이며, 삶은 우리 마음 속에 깃들여 있는 것"이다. 그런데 사람들은 다른 현실적 가치를 좇느라 시간을 망각한다. 자본 성장과 고도로 발달하는 기술 문명에 매달려 효율성과 풍요로움을 앞세운 끝에, 우리에게 주어진 모든 시간이 바닥나 버렸다. 소설의 주인공 모모는 "시간이 삶이기 때문에 시간이 바닥나면 삶도 사라진다"는 것을 알고, 온갖 유혹으로부터 시간을 지켜내려 한다. 우리도 모모가 사는 도시의 사람들처럼 시간의 공백을 잃어 버린 것은 아닌가?

자전거를 타며

오늘, 아침에,
처음으로 내 그림자를 만났다
- 어쩌면 처음이 아닐지도 모른다. 수차례의 접촉에도 그것이 내 눈에 들어온 것이 처음일지도 모를 일이다.

그것은
내 형체를 닮은
내 미세한 행동마저 그대로 표절하는
두루뭉술한 옅은 어둠의
형상이었다
- 아니 형상이라는 말로는 설명할 수도 없다.

그 형상은
길바닥에 깔린 채로 나를 앞서 좇다가는
바스락거리는 갈대에 얕게 몸을 걸쳤다가
곧장
껍질 벗겨진 벚나무에 기대는 척하며
매롱매롱
나를 약 올렸다
- 주제넘게, 저것이, 자기 원본을 약 올린다는 생각에, 잠시 머리가 뜨거워졌지만 참았다.

처음에
나는 그것이 나를 좇는다고
생각했는데
여느 틈엔가 내가 그것을 좇고 있었고
처음에는 그것이 나를 흉내 낸다고
생각했는데
실은 내가 그것을 따라 하는 게
아닌가
- 이런 생각을 쏟는 내가 원본이 아닌가 하는 생각이 들어 자전거에서 내려오고 싶었다. 그렇다고 또 단박에 나를 내려놓기도 그래서 그냥 계속 타기로 했다.

저 어둠은
내가 있을 때만 존재할 수 있으니
저것은 나의 일부인가 생각했지만
어떻게 저 밖에서 내가
아무 데 있겠는가 싶은
생각에 시달렸다
- 그렇다. 뭐라도 쉬운 것은 없구나 싶었다. 심지어 내가 나인지조차 끝내 모르리.

그러나 다시 든 생각이
저것은 내가 아니라
빛에서 나왔다는 결론에 이르러
안도했다
그렇지!, 그런가?
빛이 있어도 내가 없으면
저것은 없는데
저것이 내 일부라는 것이
참, 싫지만
하는 수 없이 허락했다
- 허락 안 해도 별 수 없으니.

두루뭉술한 어둠 덩어리가
앞서서 나를 좇으며
내게 주먹질을 해대며
빨리 자기를 잡아보란다
- 못 잡는다. 절대로. 이렇다면 내 그림자가 나에게 속해 있다는, 어쩐지 과학적 편협함에서 기인한 권력을 포기해야 할까?

오늘, 아침에, 만난
저 어둠은

처음 본 내가 낯설지도 않은가보다
- 아, 원본.

---

§ 그림자는 무의식과 유사하다. 나이지만 나인 것 같지 않은 불투명한 존재가 바로 그림자다. 아델베르트 폰 샤미소는『그림자를 판 사나이』에서 이 특징을 잘 묘사했다. 누구나 평소에 자기 그림자를 의식하고 살 일이 없다. 소설 속 주인공 페터 슐레밀 역시 자기 그림자에 대해 그렇게 무심했다. 그에게 그림자는 있으나 마나 한 것이었기 때문에, 그는 부와 명예를 줄 테니 그림자를 팔라는 악마의 제의를 쉽게 받아들였다. 이 거래를 통해 그는 모든 것을 다 가졌지만, 자기를 잃어버린 사람처럼 늘 공허한 상태에 시달린다. 무의식도 이와 같다. 있는지도 없는지도 모를 어딘가에 있지만, 그것이 없으면 자신도 잃어버리게 되는 정체성의 주요한 부분이기 때문이다.

시적 화자 역시 처음에는 페터 슐레밀처럼 그림자를 있는 둥 마는 둥 여겼다. 그러나 그는 그림자의 움직임 관찰을 통해 자기 정체성에서 그것이 차지하는 부분을 간과할 수 없음을 깨닫는다. 자기가 그림자인지, 그림자가 자기인지. 화자가 생각하기에 그림자는 자기도 어떻게 못하는 자기, 즉 무의식과 같다.

웬디의 마술 - 첫사랑 1

그 소녀의 미소가
내 눈에 와 닿는 순간
어떤,
빛 같은 것이 터졌다

나는
내 몸을 떠나
이미,
높은 곳으로 오르고 있었다

하늘 끝자락에 있던 미색 구름에
내 손가락이 막 닿으려던
그때,
자동차 경적이 울렸다

그 소리가, 나를 현실로 불러와
정신이 땅에 닿은 순간
산과 들을 지나 거리를 달리는 자동차
도시의 가로수 아래를 걸어가는
그 소녀의 뒷모습이 보였다

§ 서머싯 몸의 『그리고 아무 말도 하지 않았다』에서 중년의 남자 주인공은 커피집에서 일하는 어린 소녀의 미소를 보고 잠시 천국을 경험한다. 이 시의 화자 역시 같은 경험을 한다. 웬디가 마술 가루를 뿌려주면 피터 팬이 하늘을 날아오르듯, 소녀의 다정한 미소는 그의 현실적 고뇌를 잊게 했다. 그것은 행복감에 젖어 천국으로 오르게 할 만큼 아름다운 것이다. 하지만 마술이 금방 끝나듯 미소의 효력도 잠시다. 곧 현실문제가 그를 다시 지상으로 끌어내린다. 일상에서 천국을 경험할 만큼 다정한 미소를 보내 본 적이 언제던가, 그런 미소를 받아 본 적이 언제던가!

첫사랑 2

원시인이 불에 이끌리듯
끌림
동료에게 너의 흉을 자주 봄

무목적적 관심의 쏟아짐
너를 생각하느라
물건을 자꾸 잃어버림

너와 마주치기 위해 계단을 이용함
나의 찌질함을 인식함
나에 대한 경멸과 부정의 감정

멍함, 잦은 혼란과 허기 속에서
너를 보고 있으면
하루가 금방 지나감

이해타산에 맞지 않아서
널 사랑하지 않기로
결정함

§ 어떤 사람이 들려준 첫사랑 이야기다. 그렇게 몸살을 앓다가, 그는 무목적적 관심의 대상을 놓쳤다고 했다. 그 후 그 사람은 '회상'을 자주 불러대곤 했다. 그런데 그는 지금도 무목적적 관심을 표현하는 데 서툴다고 한다. 그에게 그런 대상이 다시 나타날리 없을 것이라는 절망감이 작용했을까? 무목적성은 칸트가 취미(미적 판단) 이론을 설명하기 위해 동원한 개념이다. 여기서 무목적성은 합목적성이란 용어와 유사한 의미를 지녔는데, 이는 사심 없이 대상 그 자체를 목적으로 대하고, 취미에 몰입한다는 말이다. 즉 다른 원인에 오염되지 않는 진정한 사랑은 이해타산이나 무엇을 위한 의도 혹은 목적 없이 저절로 마음이 기울어진다. 그런 의미에서 사랑은 칸트의 무목적성과 유사하다. 사랑이 있기만 하다면 말이다!

미금[1] - 첫사랑 3

마침내, 다시 또, 수요일이 왔다. 나는 절대, 수요일을 기다리지 않는다. 아니, 오히려 수요일을 싫어한다는 말이 더 적절하다. 그렇지만, 일주일 내내, 수요일이 언제 올지, 자꾸 신경 쓰인다. 수요일이 지나면 그이가 떠난다. 그이가 떠나는 게 싫어서 수요일을 멀리 두고 싶지만, 나는 언제나 수요일을 염두에 둔다. 오늘은 수요일. 아침이면 그이는 떠날 것이다. 나는 다시, 또, 이미 가버린 수요일이 아니라, 다른 수요일이 온다는 사실에 몸서리친다. 그러면서도 그 푸르고 고요한 수요일을 바라볼 것이다. 아직은 그이가 있으니 내게 이번 수요일은 유효하다. 그이를 데려갈 수요일에게 미금 내려앉은 푸른 장미 두 송이를 넘겼다. 일종의 무효한 거래다.

1 가늘고 보드라운 티끌. 먼지의 경상도 사투리로, 주로 방에서 나는 미세 먼지를 지칭함(자료제공 - 네이버 사전).

---

§ 시의 모티브는 아니 아르노의 『단순한 열정』에서 왔다. 주인공은 사랑에 빠진다. 그 후 그는 "한 그 남자를 기다리는 일, 전화를 걸어주거나, 내 집을 와주기를 바라는 일 외에 아무것도 할 수 없었다"고 말한다.

시적 화자 역시 같은 상황이다. 화자에게 수요일은 반복되는 일상의 나날 중 하나로 세계를 이루는 미금과 같다. 삶은 미세한 먼지처럼 사소한 사건들이, 우리 사유의 상자 속을 풀풀 날아다닌다. 시에서는 수요일이라는 날짜를 지정했지만, 어느 요일에 적용해도 마찬가지다. 삶의 나날은 언제나 오지 말았으면 싶은 미금같기도 하고, 얼른 빨리 왔으면 싶은 순풍같기도 하다. 일일은 순환되는 수레바퀴다.

불확정성의 원리 - 첫사랑 4

바라본다고 올 너도
아니지만
외면한다고 오지 않을 너도
아니다

붙잡는다고 머물 너도
아니지만
바란다고 떠날 너도
아니다

아침에 왔다가 저녁에 가는
나팔꽃의 사업조차
거룩한 진리가 있는데

천년을 오고 가는
너와의 사업은
사소하기 그지없어
일리조차 비웃는다

진리와는 거리가 멀고
일리와는 무관하여

무리하기 이를 데 없는

사랑,
이것에 속은 것이겠지만 기꺼이 속는 것이다.

---

§ 마지막 연은 영화 '베스트 오퍼' 마지막 대사에서 옮겨왔다. 영화 속 주인공 남자는 고미술 감정사다. 최고의 실력을 인정받지만, 정작 그는 전혀 행복하지 않다. 인간에 대한 불신으로 아무도 사랑한 적 없다. 그런 그가 늘그막에 사랑에 빠진다. 이것은 예상치 못한 과정에서, 거부할 수도 없이 불쑥 침범한 감정이다. 하지만 그 유혹은 베스트 오퍼로서 그의 전 생애를 부정하게 만드는 기만이었다. 올 때 그랬던 것처럼 그 사랑은 예고도 없이 무례하게 떠난다. 그의 모든 것을 갖고 썰물처럼 그의 삶에서 빠져 나간다. 하지만 그는 후회하지 않는다. 그 한순간의 덧없는 사랑을 가장 아름다웠던 생의 추억으로 받아들인 것이다. 자기를 기만한 유혹자의 행방을 찾지도 않고, 잃어버린 재산을 되찾으려는 시도도 않는다. 그저 묵묵히 시간 속으로 침전한다.

시적 화자의 역시 베스트 오퍼의 주인공처럼 사랑에 소극적이다. 가겠다는 사람을 붙잡고 매달리지도 않고, 기다림조차 순리에 맡긴다. 그는 사랑을 허무에 가까운 불확정성 원리를 적용한다. 사랑의 감정에서 기인한 뜨거움도, 이별로 인한 아픔도 모두 자기의 몫이라는 이 순응적 태도, 현실에서 발발하는 사랑에도 이런 태도를 적용할 수 있을까?

노기 충전(怒氣衝天)한 그리움 - 첫사랑 5

인적 없는 골목길
불 꺼진 끝 집
대문 열고 들어서면, 심장이 멈춘다
식은 피가 품어낸 냉기, 깊은 마당에 세운 빙산

집 뒤꼍, 노여움에 찬 우물이 있어
그 수심(愁心)에는
별도 달도 품지 않은
공포에 떠는 눈동자 하나

검은 눈은
결코, 그 집 뒷모습을 보고 싶지 않은
실명(失明)한 이의
낯선 애상(哀想)과 마주한다

아담 나의 아담 - 사랑의 원형

그 이야기는 몇십 년도 더 된 거야. 그 두 사람이 어디서, 어떻게, 얼마나 사랑했는가는, 아마도, 당시, 인근에는 다 알았을걸.

한 사람은 서울에서 다른 한 사람은 지금도 살고 있는 그곳에서. 어찌나 뻔질나게 두 곳을 오가는지, 산도 알걸. 개울 물도 둘이서 키드득거리는 소리를 들었을 거야.

두 사람은 사촌지간이었어. 처음부터 금기된, 터부시한 접촉이었어. 애초부터 안 될 사이였지. 혈족 간의 정분(情分)은 근친상간인데, 말도 안 되지. 당연하지. 두 사람도 알고 있었지.

그런데, 그, 열정이란 게 그렇게 조절되면, 얼마나 쉽겠니. 그렇게만 된다면, 세상에 넘쳐나는, 어긋난 사랑이 다 해결될 테지.

하지만 그 감정은 절대, 쉽지 않아. 가슴을 도려내는 듯 아리한 통증, 눈을 감으나 뜨나 아른거리는 얼굴 때문에 숨쉬기도 어렵지. 모든 사람의 부름에서 들리는, 단, 한 사람의 목소리. 처음부터 될 수 없다는 그 처절한 단절감. 아무에게도 이해받지 못하는, 그 감정을 혼자 쥐고 있다는 게, 스스로도, 어쩔 수 없는, 그, 자기가 참 싫다고도 했지.

방학 때마다, 서울에서 내려온 이는 온 동네가 자기를 보고 있다는 사실을 모른 척. 그러거나 말거나, 둘은 항상 붙어 다녔어. 소를 치러 갈 때도, 꼴 베러 갈 때도, 나무하거나 불 땔 때는 아주, 업혀 있는 듯이 보였어. 인근에는 그 둘의 눈길과 몸짓이 닿지 않은 곳이 없었어.

결국, 집안에서 서둘렀지, 더 큰 일이 벌어지기 전에 결단을 봐야 한다며. 한 사람은 일본으로, 다른 한 사람은 미국으로, 쫓듯이 보냈어. 오랫동안 무소식이었고, 그 연애는 사람들의 기억 속에서 옅어져 갔지. 그런데 나는 달랐어. 내가 연정의 감정에 빠지거나, 영화 속에서 펼쳐지는 연애사를 볼 때마다, 오래전에 떠나간, 그 두 사람의 불붙은 몸과 영혼을 생각했지.

남자는 결혼한 후 이곳에서 자리 잡고 살고 있어. 아들딸 낳고, 부인에게 자상하다는 소문이 자자해. 정말 다 잊었는지는 모르지. 그 여자도 어느 날엔가 아이 둘을 데리고 친정을 다니러 왔어. 아주 잘 생기고 키가 훤칠한 남편과 함께. 아주 행복해 보였어. 쓸쓸한 눈빛 같은 건 안 보이더라. 그 여자가 어떤 마음으로, 이곳을 찾았는지는 모르지. 추억 같은 것이야 있겠지. 그렇겠지.

그게, 그들의 연분이 빚어낸, 그 색깔이, 내 마음에는, 그렇게 생생하고 찬연한데. 글쎄, 그 연애사가, 그 당사자에게는, 그냥 지난 이야기인가 봐. 아마도 그 사랑을, 그 사랑 자체를 사랑한 사람은, 그 당사자들이 아니라, 바로 나였나 봐. 난 그들의 사랑을, 세상에 존재하는 유일한, 사랑의 원형으로 생각했거든. 각자, 너무 잘 사는 그 사람들을 바라보는데, 그게, 그렇게 쓸쓸하더라고. 아프기도 하고. 사랑이 원래 그런가.

질투

그는
섰다 앉았다를 반복했다

불안이
느린 리듬으로
여기저기 다른 곳으로
걸음을 옮겨
깊게 침체된
이해할 수는 없지만
어떤 뚜렷한 정동 쪽으로
그를 향하게 했다

고립되고 텅 빈 작은 눈
관계의 인접성이 결여된
몸짓
세계 - 내 - 존재하는 모든 것과
말을 건네는 모든 진실이
그에게는
구름 한 점 만큼 무의미했다

사랑이란

여러 기쁨 속에서
그 감정을 정당화해주고
관계의 지속성을 보장해 주는 증거가 필요하다고 생각하며
그는, 자기 심장으로 떨어진 쌍둥이 형제를 기꺼이 껴안았다.

---

§ 시의 제목은 알랭 로브그리예의 소설 『질투』에서 가져왔다. 이 작품의 서술자는 남편이다. 그는 아내가 A와 연정 관계에 빠져 있다고 생각하고 걷잡기 어려운 질투에 시달린다. 그런데도, 그는 자기 감정을 전혀 드러내지 않는다. 대신 매일 A와 식사를 하며 일상을 나누는 척하며 끝없는 관찰만을 이어간다. 그러던 어느 날 아내는 A와 함께 오전 일찍 시장을 보러 갔는데, 오후 늦게 차가 고장 나서 자고 오겠다는 연락을 받는다. 그는 안절부절못하며 밤을 지새운다. 이후 그의 질투심은 더 강해졌고, 의심과 함께 관찰은 더 집요해진다. 그는 이제 사랑이 관계의 지속성을 보장해 주는 정당성이 없다고 생각할 지경에 이르렀다. 이 남편의 감정에 대해 셰익스피어는 『오셀로』에서 '푸른 눈의 괴물'이라고 부른다.

이 시에서 그는 오셀로처럼 질투에 눈멀었다. 합리적 사고를 하거나 선택하는 것은 불가능하다. 그가 바라보는 대상의 모든 행동이 의심스럽다. 이제 그에게는 자기의 마음과 눈을 차지한 대상 이외 모든 것은 무의미하다. 사랑에 빠진 그가 감내해야만 할, 자기 의지와 무관하게 부과된 과업으로서 질투는 그의 사랑의 쌍둥이 형제다.

이브의 기쁨 1 - 기억의 빛

단어에 갇혀
그리움의 옹골진 잔기침 소리에
시달리던 중
기억의 빛을 거슬러 올라가는 연어 떼가
몸을 스쳤다

풍금
분명, 그렇게, 씌어있었다

---

§ 시에서 풍금이라는 낱말은 화자를 종일 그 속에 머물게 했다. 그의 기억 어느 부분에 풍금이 들어 있었기 때문이다. 그런데, 화자를 추억으로 빠뜨린 기억은 믿을 만한가? 기억은 왜곡된 빛이다. 실제로 광명은 찬란할수록 많은 어둠을 내포한다. 기억 역시 마찬가지다. 선명하고 또렷하다고 믿는 기억일수록 찰나의 것을 포장했을 가망성이 높다. 그런데도, 자아는 그런 유의 기억을 바탕으로 구성된다. 이렇다면 자아에는 상당한 정도의 허구가 내포되어 있다는 말이다. 빛처럼 허구는 없는 것이다. 그러니 자기 중에는 자기가 없는 부분이 상당히 있다는 의미로 바꾸어 이해할 수 있다. 화자의 기억 속 풍금은, 그가 한 번도 접한 적 없는 환상 속의 이미지일지도 모른다.

이브의 기쁨 2 - 무지(無地)[1]

어디서
누구와
무엇을 하든
나는
네 가슴 한가운데 서 있다

어디서
누구와
무엇을 하든
너는
내 마음 한가운데를 걷고 있다

1 무지 : 무늬가 없이 전체가 하나의 빛깔이 됨(자료제공 - 네이버 사전).

이브의 기쁨 3 - 스냅사진

헤아릴 수 없는
촘촘하게 짜인, 그, 정밀한
슬픔이
망가진 한쪽 날개를
차마, 돌려놓지 못한 풍뎅이처럼
끊임없이 돌고 있다

초록 금빛 등딱지처럼
여문 시절의 추억은
죽을 때까지
빙빙 돌 것이다

해묵은 앨범을
뒤적거리는
네 마음에

이브의 기쁨 4 - 메아리

이명같은 거야
어디에서나 들리는 음악
슬프지만
행복한 감정을 자아내는
온화한 울림
망령처럼 따라다니며
어디에서나 함께하는
이명같은 거

당신에 대한
그리움이 그래

---

§ 영화 '블랙도브'에 나오는 대사를 변형에서 옮겼다. 영화의 주인공은 갑작스러운 사건으로 이별을 고할 시간도 없이 연인을 떠나게 된다. 시간이 한참 지난 후, 그 연인을 다시 만난다. 그때 그이는 연인에 대한 그리움을 '눈을 떠난 사랑은 절대 사라지지 않는 관념이 되어 귓속에서 쟁쟁하게 울리는 이명처럼 늘 함께 했다'고 말한다.

시적 화자에게 그리움은 이명과 같다. 언제 어디서나 떠오르는 사랑, 이명처럼 쟁쟁하게 시도 때도 없이 울린다.

이브의 기쁨 5 - 부엉이 곳간[1]

매화 향기에 마음 잃은
내 눈은
사치로 그득하다

시린 이조차
분수 모를 자족감에 어쩔 줄 몰라
봄 한 철 차오르는
나날의 허세

나는
부엉이 곳간 지기가 된다

1 부엉이 곳간 : 부엉이는 둥지에 먹을 것을 많이 모아 두는 버릇이 있다는 데서 유래함. 없는 것 없이 무엇이나 다 갖추어져 있는 경우를 비유적으로 이르는 말(자료제공 - 네이버 사전)

마음의 탐사 - 지옥의 문[1]

길을 잃었다
개미 한 마리가 욕실로 들어왔다가
샴푸병을 지나
치약 위에서 잠시 머물다가
물컵에 빠져 허우적거리다가(하는 수 없어서 내가 꺼내줌)
이태리타월에서 로댕처럼 오래 앉았다가는
이번에는 타일 벽에 붙어서 오르고 떨어지기를 반복 한다

화장실은, 내가 혼자서, 무엇을 하기에, 무엇을 찾기에
너무 광활하고
너무 복잡하고
너무 미끄럽다

나는 길 잃은 한 마리 개미
더없이 광활한 당신 마음에 들어와
일치하는 지점을 찾아 기웃거린 지 한참
이건가 싶으면 저렇고
저건가 싶으면 이런 당신의 마음에

1 '지옥의 문'은 로댕이 단테의 『신곡』 중 지옥편을 주제로, 주인공 단테가 들어간 지옥의 문에 세긴 조각상이다. 작품 안에는 단테의 모습을 형상화했다는 '생각하는 사람'을 필두로 190여 명의 인물들이 등장한다. 로댕은 이 작품을 제작하기 위해 30년 넘게 구상하며, 고뇌했다고 한다.

나는
가 닿을 수 없다

개미 한 마리
더없이 단순한 당신의 사유에 들어갔다가
취미를 이식할 만한 곳을 찾아
엉킨 생각의 가닥을 풀어헤치며 기웃거린 지 한참
대부분 분야에서 나와 불일치하는 당신에게
나는
가 닿을 수 없다

그이는 한 마리 개미
더없이 미끈거리는 나의 말 속에 들어왔다가
동의와 공감의 밀도를 높일 만한 연대성을 찾아
기웃거린 지 한참
너무나 미끄러운 나의 어휘들에
그는
가 닿지 못한다

화장실에 들어온 개미는
자기를 구해줄 비둘기도, 아리아드네도 만나지 못한 채

여태 화장실을
헤매고 다닌다
서로의 마음에 갇힌 우리처럼

아이쿠! 변기에
빠졌네 (내가 개미를 물속에서 건져 준 것처럼, 어떤 존재가 하는 수 없이 날
꺼내 주지 않을까?)아, 나는 지옥의 문을 두드린다

---

§ 개미에게 화장실은 닫힌 공간이다. 들어올 때는 마음대로 왔지만, 나갈 때는 쉽지 않다. 그래서 한 마리 개미에게 인간의 화장실은 너무나 광활한 공간이고, 난해한 탐구지역이다. 여기저기 헤매며 출구를 찾지 못하는 개미, 그는 흡사 지옥에 들어간 단테와 같다. 개미는 갈 길을 알지 못해 로댕의 지옥문에 있는 '생각하는 사람'처럼 깊은 생각에 빠지기도 하고, 거꾸로 추락하는 등의 곤혹스러운 모습을 보인다.

시적 화자는 화장실에 갇힌 개미의 신세가, 어쩐지 타인의 세계에 갇힌 사람의 사정과 유사한 데가 있다고 말한다. 시적 화자는 타인의 마음에 들어가 그의 마음을 얻으려 시도하는 것이 개미의 화장실 탐사만큼이나 어렵다는 것이다. 그의 마음 어딘가에 자리 잡고 싶어서 어떡해야 할지 생각하고, 그러나 추락하고, 다시 시도하기 전에 잠시 웅크리고 앉았다가 다시 다른 길을 찾는 우리. 우리는 바로 지옥을 헤매는 단테, 그 단테를 닮은 개미인가?

이순의 적(耳順의 的)

작은 거울 하나
손에 들어와
시간의 빛으로 나를 비춘다

그 거울 속 나는
색 바랜 그림책, 제목은 지워졌고,
삽화는 가을 낙엽처럼 불거무스름하게 옅어졌다
지워진 단어와 그림의 채색들은
시간의 기를 타고
뭉게구름으로 올랐다가
비가 되어 떨어져
빗물에 젖은 나는
이제 기억만 품은 빈 책
아무것도 아니다

내 손에 든 작은 거울 속
세상은
초저녁 푸른 어둠처럼
아무것이 아닌 것은
아무것도 아니게 비춘다
아무것도 아닌 그것은

펼칠 수 없는 이순의 정신이며
닳아버린 생과의 조우며
주변머리 없는 늙은이의
변덕스런 마음이다

빈터 - 잊혀진 땅

한때는 인류의 터전이었다가, 이제
버려진 우주
그것 때문에 내가 있지만
그것 때문에 내가 죽을
영원토록, 죽음과 삶에 관한 인류의 기억을 품은 땅
내 엄마가
내 엄마의 엄마가
그 엄마의 엄마가 다녀갔을
아버지, 또한, 머물렀을, 터전
공간과 시간의 이중적인 일회성으로
사랑의 고통을 가장 잘 느끼게 해주는
우리의 땅

모든 존재는, 필연적으로, 그곳에서 태어나지만
누구라도
무슨 수를 쓰더라도
다시는
돌아갈 수 없는 소멸의 빈터, 자궁을 덜어냈다
그것 때문에 내가 있지만
그것 때문에 내가 죽을 죄악(罪惡)
그 적출은

너무나도, 간단했다

가을볕에서 제 색깔을 다 낸 농후한 사과를 따듯

등대지기의 계보

통영 바다에서 나를 만났다
등대로 등대 일을 하러 가는
남자를 보고
그 삶은 어떨까 하고 생각했다
도대체 어떤 사람이 등대에서 일을 할까

나는 어머니가 했던 일을
하고 있다
어머니는 어머니의 어머니가
했던 일을 했다
할머니는 할머니의 어머니가
했던 일을
내 일은 더 과거로 올라가
점점 더 깊이 빠져들어
더 더 익숙해져
나는 내가 없어도 괜찮게
됐지
일만 있으면 충분했지
통영 등대에서 일하는
남자를 보고서야
그렇게 나를, 도대체, 나는 어떤 사람인가

를
생각해 보게 된 거지

나는 일을 이어받은 존재
나는 엄마의 일, 엄마는 할머니의 일을, 그, 그, 그, 계승들
통영의 등대지기가 그래 온 것처럼
나는
어둠의 길라잡이, 원시 동굴에서부터 지금에 이르도록
가옥의 불을 밝히는, 등대지기였다.
도대체 어떤 사람이 등대에서 일을 할까

---

§ 시의 내용은 영화 '사반나'에서 주인공이 자기 자신을 만나는 이야기다. 우리는 자기 자신을 만난 적이 있던가? 사회적 역할과 가족 구성원으로서 역할을 하는 기능적 존재가 아니라, 본래 자기 자신 말이다. 영화 속 사반나처럼 시적 화자는 낯선 곳에서 이질적 풍경과 마주한 순간, 잊고 있었던 자신을 만났다. 시적 화자가 찾아간 곳은 통영이지만, 그곳이 어디였더라도, 그는 자기를 만났을 것이다. 익숙한 것에서 멀어지면, 은폐됐던 자기가 나타나기 마련이다.

늙은 연인의 개시(開示)[1]

씩씩대는 소리 있다. 분노의 소리인가. 외로움의 하소연인가.

여기에서, 저기에서 울리는 낡은 기계의, 신음을 듣는다. 내가 알고, 이해한 바로는, 지금까지 내 청소기가 저런, 소리를 낸 적이 없다. 아, 내가 저 존재에 대해 잘 못 알고 있었던 것인가? 혹은 청소기에 대한 나의 이해가, 이제, 다 한 것인가? 저기 있는 청소기는 지금까지와는 다른 존재가 된 것인가?

내가 청소기를 알아 온 방식은, 저 존재의 쓸모와 연관된 정보에 제한된다. 청소하다가 에너지가 떨어지면 충전하고, 먼지가 쌓여서 흡수율이 떨어지면, 청소기를 청소해줌으로써, 우리는 그럭저럭 잘 지내왔다. 청소기도 내게 별 불만이 없는 듯했다. 그런데 이제 와서 왜 자꾸 내 신경을 긁을까!

저 소리는, 지금까지 내가 놓친, 청소기의 특징인지도 모르겠다. 나는 지금까지 청소기의 존재성을 청소하는 용도 외에 생각해 본 적이 없다. 도무지 그럴 필요가 없었다. 그런데 저기에 있는 청소기가, 여기에 있는 내 청각을 자극하며, 자기에게로 내 관심을 끌고 간다. 나는 이제 청소기에 대해 무엇인가를 더 알아야만 한다. 고장 난다는 것은 관계의 청산 같은 것이다.

1 개시(開示) : 열어서 보임/가르쳐 타이름/분명히 나타냄(자료제공 – 네이버 사전).

아, 이제는 만년필까지 전에 없던 불평을 해댄다. 쓰윽 쓰윽, 무뎌진 펜촉에서 권태가 쏟아진다. 나는 이것에 대해 무엇을 더 알아야 할까? 꽃이 그렇듯, 모든 이름이 그렇듯이. 여기 있는 나를 부르는 모든 존재는 저기에 있다. 나는 여기에서 저기로 향하며, 나를 막아서는 거리를 지워내며, 이제, 낯설어져 버린 청소기에게로 간다. 만년필을 흔들어 본다. 청소기는 내 걸음을 밝히며, 자기를 빛 아래 내려놓는다. 만년필은 만족한 웃음을 내놓는다.

저기 있는 늙은 남자의 혼잣말이 여기로 흘러온다. 그이는 내가 아직 모르는 미지의 자기를 밝혀, 나의 이해를 추동한다.

§ 하이데거의 『존재와 시간』에 따르면, 인간은 자기 세계를 의도에 따라 배치하고 꾸려가는 존재다. 산다는 것은 무엇을 아는 것이다. 무엇을 안다는 것은 그 대상을 이해하고, 주목하며, 그와 함께 하는 것이다. 여기서 중요한 것은 사람을 둘러싼 세계는 은폐되어 있다가, 그 사람이 그것에 주목할 때 자기를 스스로 보여준다는 사실이다. 하이데거는 이를 존재의 '개시'라고 설명한다. 시적 화자가 청소기와 만년필에 주목함으로써 낯섦 속에서 사물 그 자체와 마주하게 되는 것처럼. 화자의 경험을 참으로 받아들인다면, 모든 사람은 자기만의 세계에서 산다고 생각할 수 있다. 삶의 구성은 그가 세계를 이해하는 정도의 넓이에 따라 결정된다. 누군가 점유한 세계는 어느 정도의 넓이와 깊이로 이루어져 있다. 그 밖에 또 무엇이 우리 세계를 구성하고 있을까?

신경통에 걸린 신호등

초록색 신호등이 켜졌다

허리가 90도로 꺾인, 딱 그렇게 컴퍼스한
노인이 신호등을 건넌다
그 컴퍼스 넓이는
젊은 시절, 제때 누려본 적 없는 휴식의 부재

10초 경과

흰 교통안전선 한 칸에 한 번의 한숨
한 걸음을 옮길 때마다 한 번의 휴식
그 생의 의지를 거머쥔 지팡이에
지구의 무게로 짓누르는 신경통이 실렸다

25초 경과, 가는 빗방울이 떨어진다

지팡이 밑둥지를 흔드는 붉은 혈관 뿌리
손등을 칭칭 감아 돌며
새 줄기라도 뽑아 올리듯
굵디굵은 신경통을 돋운다

40초 경과

그이 발걸음을 붙잡는 신경통은
해소되지 않은 미련과 불미스런 기억과
한때의 쾌락과 거친 인정 투쟁들이 압축된
생(生)의 의지

빨강 신호등이 켜졌다
허리가 90도로 꺾인, 딱, 그렇게 컴퍼스한 노인이, 신호등을 건넌다
그 컴퍼스 넓이는, 젊은 시절 그가 태운, 불멸의 에너지 바다 속
시간의 흔적이다

5초 경과

노인의 젊은 시절을 닮은 젊은 운전자가 더는 못 기다리겠다는 듯
신호등을 통과한다
다른 운전자들도 컴퍼스의 넓이에 진력이 난 듯
바람 소리를 내며 하얀 교통 안전선을 통과한다

10초 경과, 비가 굵은 선을 그으며, 더욱, 세차게 내린다

나는

나는

그를 본다

그가 나를 본다

김잠선 시집

아담의 기분

인 쇄 2025년 12월 14일
발 행 2025년 12월 24일

지은이 김잠선
펴낸곳 신아출판사
주 소 전북특별자치도 전주시 완산구 공북1길 16(태평동 251—30)
전 화 (063) 275—4000
팩 스 (063) 274—3131
이메일 sina321@hanmail.net
출판등록 제465—1984—000004호
인쇄 · 제본 신아출판사

저자와 협의, 인지는 생략합니다.
잘못된 책은 바꿔 드립니다.

ISBN 979-11-24068-42-7 03810

값 11,000원

Printed in KOREA